编委会

主　　任　徐继春

副主任　　李晓东

秘书长　　郝万新

委　　员　徐继春　李晓东　郝万新　齐向阳
　　　　　高金文　武海滨　刘玉梅　赵连俊

秘　　书　李　想

高职高专项目导向系列教材

化工企业管理实务

梁清山　等编著
王家夫　　主审

化学工业出版社
·北京·

本书主要分为七个学习情境。分别介绍了认识化工企业管理、化工企业组织管理、化工企业人力资源管理、化工企业生产管理、化工企业设备管理、化工企业QHSE管理、化工企业生产成本管理七个方面的内容；以16个典型工作任务为主线，围绕典型工作任务阐述知识点，知识为任务服务；注重了技能熟练性，即典型工作任务完成后，接着就进行拓展训练，训练的内容紧紧围绕典型工作任务来进行，并在深度和广度上有所增强。

本书可作为高职高专化工技术类专业以及相关专业教材，也可作为化工企业管理人员培训的教材。

图书在版编目（CIP）数据

化工企业管理实务/梁清山等编著． —北京：化学工业出版社，2012.8（2024.2重印）

高职高专项目导向系列教材

ISBN 978-7-122-14884-1

Ⅰ．化… Ⅱ．梁… Ⅲ．化工企业-工业企业管理-高等职业教育-教材 Ⅳ．F407.7

中国版本图书馆CIP数据核字（2012）第161664号

责任编辑：窦　臻　张双进　　　　　　　　　　文字编辑：向　东
责任校对：顾淑云　　　　　　　　　　　　　　装帧设计：刘丽华

出版发行：化学工业出版社（北京市东城区青年湖南街13号　邮政编码100011）
印　　装：北京建宏印刷有限公司
787mm×1092mm　1/16　印张7¼　字数168千字　2024年2月北京第1版第9次印刷

购书咨询：010-64518888　　　　　　　　　　　售后服务：010-64518899
网　　址：http://www.cip.com.cn
凡购买本书，如有缺损质量问题，本社销售中心负责调换。

定　价：20.00元　　　　　　　　　　　　　　　　　　　　　版权所有　违者必究

序

辽宁石化职业技术学院是于 2002 年经辽宁省政府审批，辽宁省教育厅与中国石油锦州石化公司联合创办的与石化产业紧密对接的独立高职院校，2010 年被确定为首批"国家骨干高职立项建设学校"。多年来，学院深入探索教育教学改革，不断创新人才培养模式。

2007 年，以于雷教授《高等职业教育工学结合人才培养模式理论与实践》报告为引领，学院正式启动工学结合教学改革，评选出 10 名工学结合教学改革能手，奠定了项目化教材建设的人才基础。

2008 年，制订 7 个专业工学结合人才培养方案，确立 21 门工学结合改革课程，建设 13 门特色校本教材，完成了项目化教材建设的初步探索。

2009 年，伴随辽宁省示范校建设，依托校企合作体制机制优势，多元化投资建成特色产学研实训基地，提供了项目化教材内容实施的环境保障。

2010 年，以戴士弘教授《高职课程的能力本位项目化改造》报告为切入点，广大教师进一步解放思想、更新观念，全面进行项目化课程改造，确立了项目化教材建设的指导理念。

2011 年，围绕国家骨干校建设，学院聘请李学锋教授对教师系统培训"基于工作过程系统化的高职课程开发理论"，校企专家共同构建工学结合课程体系，骨干校各重点建设专业分别形成了符合各自实际、突出各自特色的人才培养模式，并全面开展专业核心课程和带动课程的项目导向教材建设工作。

学院整体规划建设的"项目导向系列教材"包括骨干校 5 个重点建设专业（石油化工生产技术、炼油技术、化工设备维修技术、生产过程自动化技术、工业分析与检验）的专业标准与课程标准，以及 52 门课程的项目导向教材。该系列教材体现了当前高等职业教育先进的教育理念，具体体现在以下几点：

在整体设计上，摈弃了学科本位的学术理论中心设计，采用了社会本位的岗位工作任务流程中心设计，保证了教材的职业性；

在内容编排上，以对行业、企业、岗位的调研为基础，以对职业岗位群的责任、任务、工作流程分析为依据，以实际操作的工作任务为载体组织内容，增加了社会需要的新工艺、新技术、新规范、新理念，保证了教材的实用性；

在教学实施上，以学生的能力发展为本位，以实训条件和网络课程资源为手段，融教、学、做为一体，实现了基础理论、职业素质、操作能力同步，保证了教材的有效性；

在课堂评价上，着重过程性评价，弱化终结性评价，把评价作为提升再学习效能的反馈工具,保证了教材的科学性。

目前,该系列校本教材经过校内应用已收到了满意的教学效果,并已应用到企业员工培训工作中,受到了企业工程技术人员的高度评价,希望能够正式出版。根据他们的建议及实际使用效果,学院组织任课教师、企业专家和出版社编辑,对教材内容和形式再次进行了论证、修改和完善,予以整体立项出版,既是对我院几年来教育教学改革成果的一次总结,也希望能够对兄弟院校的教学改革和行业企业的员工培训有所助益。

感谢长期以来关心和支持我院教育教学改革的各位专家与同仁,感谢全体教职员工的辛勤工作,感谢化学工业出版社的大力支持。欢迎大家对我们的教学改革和本次出版的系列教材提出宝贵意见,以便持续改进。

辽宁石化职业技术学院　院长

2012 年春于锦州

前言

本书主要是为了适应高等职业院校以任务驱动、项目导向的"教、学、做"一体化教学改革趋势，根据化工企业第一线管理岗位职业能力的要求精心设计内容编写而成。采用任务驱动的教学方法，把化工企业典型的管理工作任务呈现在学生面前，请学生进入被描述的管理情景，进入管理者角色，以当事人的身份一起探寻管理的成败得失，对于提高学生发现问题、分析问题和解决问题的能力，实现管理艺术升华行之有效。

本教材重点突出以下一些特色。

（1）定位明确。本教材从编写的指导思想，到内容选择、体系设计、编写模式等，都以培养化工企业基层车间主任和班组长岗位的实际管理技能为出发点，努力打造充分体现高职特色的实用教材。

（2）内容实用。从化工企业第一线管理岗位的实际需要出发，选择化工企业典型实用的工作任务，用任务来引领理论，使理论从属于任务。让学生主动地学习和完成任务，获得一个具有工作意义的学习结果，并在与工作任务的联系过程中去学习知识，改变单纯学习知识的课程模式。

（3）形式创新。为了体现高职高专课程改革的发展方向和教材特色，在总结多年教学改革经验的基础上，对教材编写模式进行了大胆的创新，采用项目课程理论开发化工企业管理实务课程，按照介绍典型管理工作任务、任务分析、相关知识、任务实施、任务评价、归纳总结、拓展训练等项目化课程体例格式编写，表现形式多样化，做到了图文并茂、直观易读。

参加本书编写的有：辽宁石化职业技术学院梁清山（编写情景一、情景二、情景三、情景四），辽宁石化职业技术学院甘泉（编写情景五），辽宁石化职业技术学院李朋（编写情景六），辽宁石化职业技术学院么志丹（编写情景七）。全书由梁清山统稿。

本书由辽宁石化职业技术学院党委书记、研究员王家夫主审。参加审稿的还有中国石油锦州石化公司副总经济师兼规划计划处处长王英伟、副总工程师兼机动设备处处长景玉忠、安全环保处处长徐春江、质量管理（企管）处处长刘宏伟、研究院总工程师张玉东（博士）、规划计划处副处长刘泳涛。参加审稿的各位领导和专家对书稿进行了认真、细致的审查，提出了许多宝贵意见和修改建议，在此表示衷心感谢。

由于编者的水平所限，书中难免有不足之处，欢迎广大读者特别是任课教师提出批评意见和建议，并及时反馈给我们（E-mail：lqsed@126.com）。

编著者

2012 年 5 月

目 录

◆ 情境一　认识化工企业管理　　1

任务　化工企业管理问题归集……………… 1
 一、任务介绍 ……………………………… 1
 二、任务分析 ……………………………… 2
 三、相关知识 ……………………………… 2
 四、任务实施 ……………………………… 3
 五、任务评价 ……………………………… 3
 六、归纳总结 ……………………………… 5
 七、拓展训练 ……………………………… 5
课后训练题 ………………………………… 6

◆ 情境二　化工企业组织管理　　7

任务一　化工企业基层单位组织机构的设计 …… 7
 一、任务介绍 ……………………………… 7
 二、任务分析 ……………………………… 7
 三、相关知识 ……………………………… 7
 四、任务实施 ……………………………… 10
 五、任务评价 ……………………………… 10
 六、归纳总结 ……………………………… 10
 七、拓展训练 ……………………………… 10
任务二　化工企业生产班组文化构建 ………… 11
 一、任务介绍 ……………………………… 11
 二、任务分析 ……………………………… 11
 三、相关知识 ……………………………… 11
 四、任务实施 ……………………………… 13
 五、任务评价 ……………………………… 14
 六、归纳总结 ……………………………… 14
 七、拓展训练 ……………………………… 14
课后训练题 ………………………………… 15

◆ 情境三　化工企业人力资源管理　　16

任务一　化工企业生产单位班组长选拔管理 …… 16
 一、任务介绍 ……………………………… 16
 二、任务分析 ……………………………… 16
 三、相关知识 ……………………………… 17
 四、任务实施 ……………………………… 20
 五、归纳总结 ……………………………… 22
 六、拓展训练 ……………………………… 22
任务二　化工企业操作人员教育培训管理 …… 24
 一、任务介绍 ……………………………… 25
 二、任务分析 ……………………………… 25
 三、相关知识 ……………………………… 25
 四、任务实施 ……………………………… 27
 五、任务评价 ……………………………… 27
 六、归纳总结 ……………………………… 27
 七、拓展训练 ……………………………… 27
任务三　化工企业基层单位内部绩效管理 …… 28
 一、任务介绍 ……………………………… 28
 二、任务分析 ……………………………… 29
 三、相关知识 ……………………………… 29
 四、任务实施 ……………………………… 31
 五、任务评价 ……………………………… 31
 六、归纳总结 ……………………………… 31
 七、拓展训练 ……………………………… 32
课后训练题 ………………………………… 33

◆ 情境四　化工企业生产管理　　35

任务一　化工企业车间生产作业计划管理 …… 35
 一、任务介绍 ……………………………… 35
 二、任务分析 ……………………………… 36
 三、相关知识 ……………………………… 36

四、任务实施 ………………………… 38
　　五、任务评价 ………………………… 40
　　六、归纳总结 ………………………… 40
　　七、拓展训练 ………………………… 40
　任务二　化工企业生产装置操作规程管理 … 42
　　一、任务介绍 ………………………… 42
　　二、任务分析 ………………………… 43
　　三、相关知识 ………………………… 43
　　四、任务实施 ………………………… 49
　　五、任务评价 ………………………… 49
　　六、归纳总结 ………………………… 49

　　七、拓展训练 ………………………… 50
　任务三　化工企业生产现场 5S 管理 ……… 53
　　一、任务介绍 ………………………… 53
　　二、任务分析 ………………………… 53
　　三、相关知识 ………………………… 53
　　四、任务实施 ………………………… 60
　　五、任务评价 ………………………… 60
　　六、归纳总结 ………………………… 60
　　七、拓展训练 ………………………… 61
　课后训练题 …………………………………… 61

◆ 情境五　化工企业设备管理　　　　　　　　　　　　　　　　　　　　　　　　　62

　任务一　化工设备大检修的施工管理 ……… 62
　　一、任务介绍 ………………………… 62
　　二、任务分析 ………………………… 63
　　三、相关知识 ………………………… 63
　　四、任务实施 ………………………… 70
　　五、任务评价 ………………………… 70
　　六、归纳总结 ………………………… 70
　　七、拓展训练 ………………………… 70
　任务二　化工企业设备事故管理 …………… 71

　　一、任务介绍 ………………………… 72
　　二、任务分析 ………………………… 72
　　三、相关知识 ………………………… 72
　　四、任务实施 ………………………… 73
　　五、任务评价 ………………………… 73
　　六、归纳总结 ………………………… 73
　　七、拓展训练 ………………………… 73
　课后训练题 …………………………………… 74

◆ 情境六　化工企业 QHSE 管理　　　　　　　　　　　　　　　　　　　　　　　　76

　任务一　化工企业生产工艺参数控制 ……… 76
　　一、任务介绍 ………………………… 76
　　二、任务分析 ………………………… 77
　　三、相关知识 ………………………… 77
　　四、任务实施 ………………………… 79
　　五、任务评价 ………………………… 79
　　六、归纳总结 ………………………… 79
　　七、拓展训练 ………………………… 79
　任务二　化工企业许可证管理 ……………… 81
　　一、任务介绍 ………………………… 81
　　二、任务分析 ………………………… 81
　　三、相关知识 ………………………… 82
　　四、任务实施 ………………………… 85

　　五、任务评价 ………………………… 85
　　六、归纳总结 ………………………… 86
　　七、拓展训练 ………………………… 86
　任务三　化工企业装置开停工和大检修环保
　　　　　管理 ………………………………… 88
　　一、任务介绍 ………………………… 88
　　二、任务分析 ………………………… 89
　　三、相关知识 ………………………… 89
　　四、任务实施 ………………………… 91
　　五、任务评价 ………………………… 91
　　六、归纳总结 ………………………… 91
　　七、拓展训练 ………………………… 91
　课后训练题 …………………………………… 92

◆ 情境七　化工企业生产成本管理　　　　　　　　　　　　　　　　　　　　　　　94

　任务一　化工企业车间和班组生产成本归集 … 94
　　一、任务介绍 ………………………… 94
　　二、任务分析 ………………………… 94
　　三、相关知识 ………………………… 95

　　四、任务实施 ………………………… 98
　　五、任务评价 ………………………… 98
　　六、归纳总结 ………………………… 98
　　七、拓展训练 ………………………… 98

任务二 化工企业车间和班组生产成本核算与
　　　分析 …………………………………… 98
　一、任务介绍 …………………………… 99
　二、任务分析 …………………………… 99
　三、相关知识 …………………………… 99
　四、任务实施 …………………………… 102
　五、任务评价 …………………………… 102
　六、归纳总结 …………………………… 102
　七、拓展训练 …………………………… 103
课后训练题 ………………………………… 103

参考文献 …………………………………………………………………………………………… 105

情境一

认识化工企业管理

任务 化工企业管理问题归集

化工企业是指生产过程主要表现为化学反应过程或生产化学产品的企业。化工企业管理是在化工生产过程中,利用企业现有资源,以合适的手段、方法来进行产品生产,以期更好地实现企业目标的过程。它是全员参与的管理、全过程的管理、全方位的和有目的性的管理。

一、任务介绍

图1-1是某石化公司常减压车间于2008年1月7日上午发生的一起着火事故现场,造成1人死亡,1人重伤。此次事故的直接原因是常顶空冷器E1203泄漏出来的汽油喷到北侧二层平台上,沿着二层平台到一层的穿管管壁流到一层高温换热器E1118上,由于换热器E1118接管处信号孔渗漏渣油并自燃,因此引燃了从二层平台流下的汽油引起着火。间接原因是车间管理人员管理不到位,管理人员和操作员工不重视,不进行危害辨识,不严格执行检维修作业规程,生产操作缺乏监督,管理措施落实不到位等。

该事故表明:化工企业是一个高风险的企业,化工生产从原材料购进到产品售出的各个环节,具有易燃、易爆、易中毒、高温、高压、高腐蚀、生产装置规模大、反应路线复杂、生产连续化等特点,生产中潜在的不安全因素远远高于其他行业,稍有不慎或任何细微疏忽,都极易酿成安全事故。加强管理至关重要。

图1-1 某石化公司常减压装置"1.07"事故现场

主要任务:请你针对上述案例,结合教材中的相关知识,说明存在哪些管理问题?阐明如何管理?

知识目标:1. 掌握化工企业管理内容;
2. 重点掌握化工企业生产过程的特点和管理上的要求。

能力目标:能对化工企业管理问题进行归类。

素质目标:完成任务的态度、完成任务的质量、知识应用能力、书面表达能力、语言表达能力、与人合作能力。

二、任务分析

要完成好上述任务，就要在掌握化工企业管理内容的基础上，重点掌握化工企业生产过程的特点和管理上的要求。

三、相关知识

1. 化工企业管理的内容

在计划经济时期，化工企业都归行业管理，行业主管部门都是政府部门，直接代表政府管理企业，生产什么产品、生产多少产品、如何销售都是由行业主管部门制定下发的，利润也全部上缴国家，因此企业无须关心原料的供应与产品的销售，只要按照计划组织生产即可，企业没有生产经营自主权，基本上是粗放的管理，企业管理的权限很小，管理的内涵很窄，主要表现在对企业资源的支配上；在市场经济体制中，企业有了经营自主权，市场经济要求必须把产、供、销及售后服务都纳入到企业管理之中，企业管理的内涵不断扩大，由原来的计划管理、设备管理、技术管理等范围扩大为企业生产经营的全过程管理、全方位管理、全员参与的管理。

化工企业管理包括：组织管理、人力资源管理、生产管理、设备管理、质量管理、安全管理、环保管理、生产成本管理等。具体内容如下。

（1）组织管理　化工企业基层单位要依据组织机构设置和选择的原则来选择适合自己的、高效的组织结构形式，体现专业分工原则、统一指挥原则、控制幅度原则、分工明确原则和柔性经济原则；基层单位要结合本企业生产经营实际构建特色文化，每个员工要自觉践行。

（2）人力资源管理　在人才选拔上要按照一定程序和方法进行；要重视操作人员和管理人员的教育培训工作，特别要加强操作人员岗位培训管理；要采用科学方法，通过绩效管理系统对员工或群体的行为表现、劳动态度、工作业绩、综合素质进行全面监测、考核、分析和评估，以此调动员工和部门的积极性和创造性。

（3）生产管理　化工企业在制订完生产经营计划后，要求各生产单位要制订较为详细的实施计划，将生产计划中的生产任务按空间分解到班组、设备和个人，按时间进度把月生产计划细分到日、轮班、小时；要"学用规程，杜绝违章"，加强生产受控管理，在生产过程中要求员工严格按照生产装置操作规程进行平稳操作，保证装置物料平衡、降低消耗、稳定生产，保证产品及半成品的质量，促进安全生产，建立"有操作就有规程"的良好操作氛围；在生产现场要通过整理（Seiri）、整顿（Seiton）、清扫（Seiso）、清洁（Setketsu）、修养（Shitsuke）五个项目，对人员、机器、材料、方法、环境等生产要素进行有效管理。

（4）设备管理　要加强化工设备的维检修管理，特别是化工设备大修期间的施工管理。要重点抓好检修施工前的准备工作、加强施工现场的管理、搞好检修后的验收交工及总结等环节工作；要加强化工设备的事故管理，明确事故的性质和类别。

（5）质量管理　要加强化工生产经营全过程的质量控制，特别是化工生产过程的质量控制，这是产品符合质量要求的关键。在生产过程中要重点对操作参数进行控制调节，使各个环节的操作条件都达到控制要求，只有这样才能在安全的前提下保证生产的质量。

（6）安全管理　要严格落实各种安全措施，其中包括许可证的管理，这是特种作业前进行风险控制的有效形式之一，目的是确保对非常规/特种作业的控制和安全运行。通过作业许可，办理作业许可证，确保对关键活动和任务的控制。

(7) 环保管理　要特别加强装置开停工和大检修阶段的环保管理，重点是大检修阶段环保管理。要进行作业前危害辨识、采取削减措施并严格落实措施，确保各种工作任务受控，通过风险控制避免环境污染。

(8) 生产成本管理　要根据化工企业在联合生产过程中生产的产品为联产品的特点，正确进行生产成本归集、成本核算与分析，不断对成本进行有效控制，最大限度地挖掘企业的降本增效潜力，为编制成本计划和经营决策提供重要依据。

本教材侧重上述管理相关内容的学习。

2. 化工企业生产的特点和管理上的要求

我国目前拥有化工企业3万多家，占工业企业总数的73%，其中总资产为几十亿元人民币的特大型化工企业集团有10余家，中、小型化工企业占化工企业总数的99%以上。虽然企业规模大小不一，但它们都存在着一些共性的地方。

(1) 化工企业生产是装置流程生产，如炼油生产是原油沿着工艺顺序流经各套装置，在不同的温度、压力、流量、时间的条件下，分解为不同的馏分，完成产品生产的各个阶段。在管理上，应全面考虑生产的各个环节，采用先进的组织分工方法，恰当安排装置的生产计划。

(2) 化工企业生产装置一般是大型联动装置，设备星罗棋布，管道纵横贯通。劳动对象为液态或气态，需要在密闭的管道中输送。生产过程连续性强，工序间连接紧密，且不同原料的加工要求和工艺条件也不相同。在管理上，应正确确定产品加工方案，优选工艺条件和工艺过程，严格执行操作规程，利用仪器仪表监控各种工艺参数，保证产品质量，提高生产的自动化程度，保持物料平稳，连续作业，均衡生产。

(3) 化工企业生产有高温、高压、易燃、易爆、有毒、有害、高腐蚀等特点，安全要求特别严格。如轻柴油裂解制乙烯，裂解温度为800℃；高压聚乙烯的聚合反应压力高达350MPa。再如液化气、汽柴油等都是易燃易爆物质；盐酸、烧碱等都是强腐蚀性物质；甲醇不但有毒，有腐蚀性，而且易燃易爆。苛刻的生产工艺条件对设备、人员等要求都很高。在管理上，应防止油气泄漏，保持良好通风，严格控制火源，保证明火和可燃物质脱离，特别要注意落实防火、灭火措施，同时应加强设备的日常维护保养和人员培训，以提高设备的可靠性和操作人员的操作水平，保证安全生产，减少损失。

(4) 化工企业生产中"三废"（废水、废气、废渣）多，污染严重，对环境和生产人员都具有危害性，已成为水污染、大气污染、土壤污染的主要根源。在管理上，应注意环境保护，落实防污染措施。

(5) 化工企业原料在产品成本中占有很大的比重，其次是燃料动力费用。在不进行项目技术改造的前提下，生产过程中节约能耗难有大的突破。在管理上，应加强关键绩效指标的考核和成本核算；组织好相关的热平衡，以不断降低能耗；加强综合利用的研究，不断提高炼油生产的综合经济效益。

四、任务实施

任务实施可按照任务布置、准备、执行、评价、验收五个阶段进行（见图1-2）。

【再次训练】完成上述任务之后，试试看你能完成"七、拓展训练1"的任务吗？

五、任务评价

任务完成情况考核评分见表1-1。

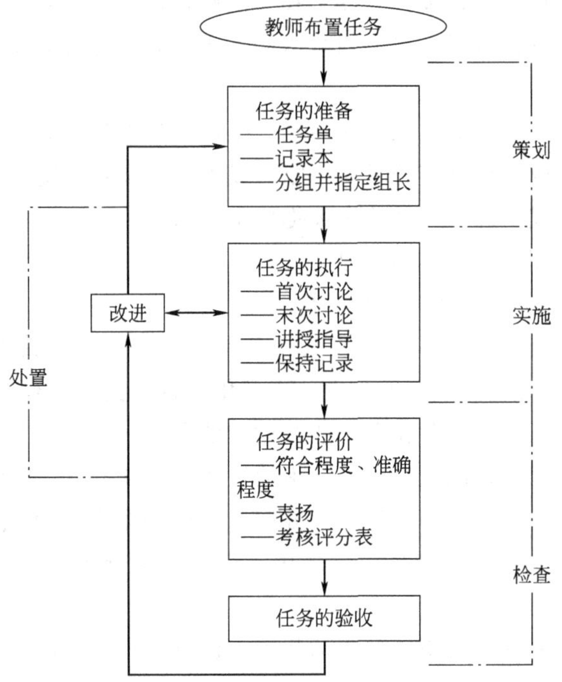

```
          教师布置任务
              │
              ▼
         任务的准备
    ┌──→ ——任务单          ┐
    │    ——记录本          │ 策划
    │    ——分组并指定组长    │
    │         │            ┘
    │         ▼
    │    任务的执行
    │    ——首次讨论        ┐
改进├───→ ——末次讨论        │ 实施
    │    ——讲授指导        │
    │    ——保持记录        ┘
    │         │
    │         ▼
    │    任务的评价
    │    ——符合程度、准确   ┐
    │      程度            │
    │    ——表扬            │
    │    ——考核评分表       ┘
    │         │            ┐
    │         ▼            │ 检查
    └─── 任务的验收         ┘
```

图 1-2　任务实施流程图

注：1. 虚线说明了策划-实施-检查-处置（P-D-C-A）方法在本任务中的应用。

2. 任务单：任务单的内容应包括完成任务需要的知识、计划安排和结果的描述等。

3. 分组并指定组长：一般应 2~10 人一个小组；小组长的任务和职责是主持首次和末次会议、进行分工、协调工作、上下沟通、组织小组成员得出正确结论、审定会议报告、履行小组成员的任务和职责；小组成员的任务和职责是参与任务完成过程中的讨论沟通、积极地开展工作并完成任务（包括发现问题，解决问题等）、配合小组长和其他人员的工作、完成组长和老师交代的其他临时任务。

4. 首次讨论的内容：学生讨论实施计划，初步确定实施的方法和程序，得出初步结果；发言代表汇报任务完成情况；教师讲授并指导。

5. 末次讨论的内容：教师个别指导；学生讨论、提问、修改、完善原结果；发言代表进行终结性汇报。

6. 任务的评价：教师评价学生任务的实施情况及其与计划的符合程度、与标准的符合程度；对完成好的个人及小组进行表扬；归纳总结知识点的同时，教师和学生用"完成任务情况考核评分表"进行评价（见表 1-1）。

7. 任务的验收：教师对结果准确的小组进行肯定性验收签字。

表 1-1　完成任务情况考核评分表

班级：　　　　　姓名：　　　　　　　　　　任务名称和任务号：

序号	评价项目	评价要点	分值 (M_i)	评分等级 (K_i)					打分
				A 1	B 0.8	C 0.7	D 0.6	E 0.5	
1	准备	知识应用正确性	3						
		书面表达严谨性，考虑问题全面性	3						
		计划可行性	3						

续表

序号	评价项目	评价要点	分值(M_i)	评分等级(K_i)					打分
				A 1	B 0.8	C 0.7	D 0.6	E 0.5	
2	执行	主动地、认真而努力地、负责地完成工作	2						
		与人合作的能力	2						
		课上发言的积极性	2						
		服从教师的安排	2						
3	评价	实施的结果与计划符合程度	10						
		实施的结果与标准符合程度	10						
4	改进	修正结果的及时性	3						
总计(Σ)									

组长签字： 任课教师签字：

注：1. 权重40，其中学生自评19分，教师评价19分，与人合作2分由各组组长评定；
2. 每个项目的评价要点部分五个级别，优秀、良好、中等、及格、不及格；
3. 总分 $= \sum M_i \cdot K_i$。

六、归纳总结

化工企业管理是在化工生产过程中，利用企业现有资源，以合适的手段、方法来进行产品生产，使其更好地实现企业目标的过程。内容包括组织管理、人力资源管理、生产管理、设备管理、质量管理、安全管理、环保管理、生产成本管理等。由于化工企业生产的特殊性，生产中潜在的不安全因素远远高于其他行业，所以管理要求必须采取各种管理手段进行风险控制，这也是 QHSE 管理的核心。

七、拓展训练

1. 请你对下面案例中存在的管理问题进行归类，并阐明管理上的要求。

【案例】 开工点炉发生爆炸

事故概况及经过

1994年4月10日，某炼油厂炼化车间五班操作加热炉准备开工。炉膛用蒸汽吹扫后，又开风机吹扫三次炉1、炉3火嘴手阀，主任亲自操作关、卡两次。8时25分做好通瓦斯流程，8时35分将瓦斯引到控制阀，5分钟后，炉1、炉3南北采样做爆炸分析合格。9时，炉3点火，炉1西侧瓦斯集合放空管见瓦斯后，准备开南数第五个火嘴的手阀引火种，还没等引火棒伸入点火孔就发生了爆炸，将风道炸开约五分之三。开手阀和点火的2人受伤，另一人被飞出的保温材料击伤面部，住院治疗。

事故原因分析

经查是因第五个火嘴手阀不严，瓦斯漏出所致。通过此起事故，说明开工准备工作有漏洞，安全检查不到位。

2. 调查一个大型化工企业，一个中小型化工企业，分析说明这两个化工企业是如何进行管理的。大型化工企业和中小型化工企业有什么不同吗？根据上述调研内容写一份调研报告。

课后训练题

1. 知识训练题

(1) 化工企业管理内容有哪些?

(2) 化工企业生产过程的特点是什么?管理上的要求有哪些?

2. 能力训练题

调查一个化工企业,了解该企业存在的主要管理问题,分析原因,并提出解决问题的办法。

情境二

化工企业组织管理

任务一　化工企业基层单位组织机构的设计

组织机构是一个组织的载体和支撑。一个组织要能够高效率地正常运转，必须有一个分工明确、责权利清晰、而且能协作配合的组织机构。

一、任务介绍

图 2-1 是某石化公司根据企业自身的性质、规模、经营特点与管理方式来确定的直线职能制组织机构示意图，其中的蒸馏车间属于基层生产单位，主要负责原油的一次加工，为后续车间装置提供原料，现设计总的原油能力为 630 万吨/年，共有员工 127 人，设车间主任和书记各 1 人、生产主任 1 人、技术主任 1 人、设备主任 1 人、安全监督 1 人。其中，生产主任分管 5 个生产班组，每个生产班组由班长、副班长、运转工程师、内操岗、外操员和外围岗组成；技术主任分管技术组，由若干技术员组成；设备主任分管设备组，由若干设备员组成。

> **主要任务**：请你根据上述案例和教材中的相关知识，绘制蒸馏车间直线职能制组织机构示意图。
> **知识目标**：1. 掌握组织机构设置原则；
> 　　　　　　2. 掌握化工企业车间的组织机构形式。
> **能力目标**：能绘制化工企业生产部门组织机构示意图。
> **素质目标**：完成任务的态度、完成任务的质量、知识应用能力、书面表达能力、语言表达能力、与人合作能力。

二、任务分析

要完成好上述任务，就要在掌握组织机构设置原则的基础上，重点掌握化工企业车间的组织机构形式。

三、相关知识

1. 术语

（1）组织设计　组织设计就是对组织的机构和活动进行创构、变革和再设计。组织设计的目的就是要通过创构柔性灵活的组织，动态反映外在环境变化的要求，并且能够在组织演化成长的过程中，有效积聚新的组织资源，同时协调好组织中部门与部门之间、人员与任务之间的关系，使员工明确自己在组织中应有的权力和应担负的责任，有效地保证组织活动的开展，最终保证组织目标的实现。

组织设计的任务是设计清晰的组织机构，规划和设计组织中各部门的职能和职权，明确组织中职能职权的活动范围并编制职务说明书。

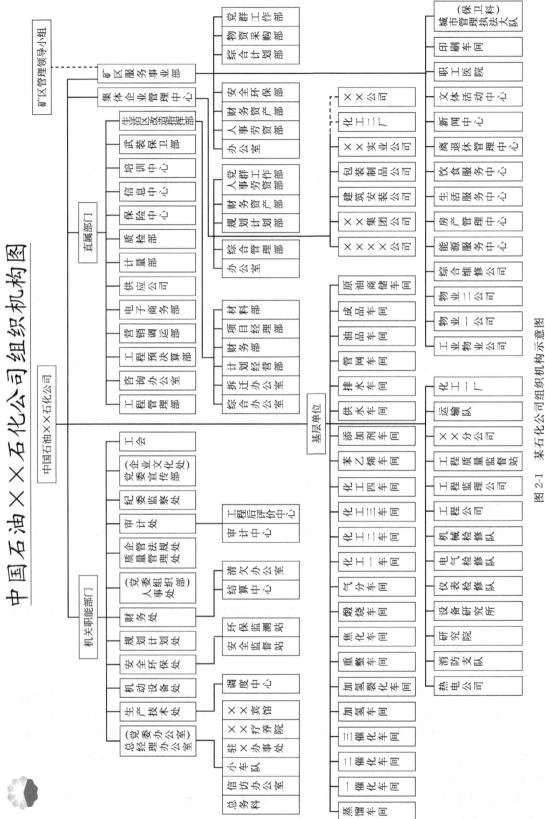

图 2-1 某石化公司组织机构示意图

（2）组织机构　所谓组织机构是指组织的基本架构，是对完成组织目标的人员、工作、技术和信息所作的制度性安排。

从图 2-1 中我们可以看出，组织的活动可以分解为横向和纵向两种结构形式，组织纵向机构设计的结果是决策的层级化，即确定了由上到下的指挥链以及链上每一级的权责关系，显然，这种关系具有明确的方向性和连续性；组织横向机构设计的结果是组织的部门化，即确定了每一部门的基本职能、每一位主管的控制幅度、部门划分的标准以及各部门之间的工作关系。

2. 组织机构设置原则

【案例】　联想的组织机构选择（资料来源：勤网——管理营销资源站 http://www.zqin.com）

昨天的成功不能保证今天和明天的成功，因为昨天的经验可能已经不适应今天的形势。因此，在科技、社会日新月异的今天，企业要想生存和发展，就必须根据内外环境的变化，及时调整组织结构，绝不能因循守旧，故步自封。在短短十几年时间里，联想的组织结构变了好几茬。从大船结构到舰队模式；从众多的事业部到整合为六大子公司；从北京联想、香港联想分而治之到统一平台，……，联想几乎每年都在变。但经过几次"折腾"，联想已经摆脱了大多数民营企业小作坊式的经营模式，走向大集团、正规化、协同作战的现代企业管理模式。通过调整，联想不断打破阻碍自己发展的"瓶颈"，从而不断地走向成熟。

化工企业组织机构设置、职责划分、人员配备应根据化工企业的性质、规模、经营特点与管理方式来确定，应该遵循一些最基本的原则。

（1）专业分工原则　要按专业化的原则设计部门和确定归属，同时要有利于组织单元之间的协作。

（2）统一指挥原则　统一指挥原则就是要求每位下属应该有一个并且仅有一个上级，要求在上下级之间形成一条清晰的指挥链。

（3）控制幅度原则　控制幅度原则是指一个上级直接领导与指挥下属的人数，应该有一定的控制限度，并且应该是有效的。管理幅度×管理层次＝组织规模。在组织规模已确定的条件下，管理幅度的大小与层次数目多寡成反比例关系。

（4）分工明确原则　要"因事设岗"，而不能"因人设岗"，企业各组织机构及各岗位人员的职责和任务应明确，指挥体系应高效、健全，信息传达的渠道应畅通，避免出现管理职能空缺、重叠或相互扯皮现象。

（5）柔性经济原则　所谓组织的柔性，是指组织的各个部门、各个人员都是可以根据组织内外环境的变化而进行灵活调整和变动的。组织的结构应当保持一定的柔性，以减小组织变革所造成的冲击和震荡。

3. 化工企业车间的组织机构形式

化工企业车间组织机构形式是直线职能制，车间设职能组，并都有权在各自业务范围内向下级下达命令。目前大型化工企业车间组织均采用这种组织模式。如图 2-2 所示。

直线职能制，又称直线参谋职能制。直线职能制是指在组织内部，既设置纵向的直线指挥系统，又设置横向的职能管理系统，以直线指挥系统为主体建立的两维的管理组织。它属于权力集中于高层的组织结构。每个部门或系统由企业最高层领导直接进行管理。直线管理人员对下级发布命令、指令。职能管理人员对下级进行业务指导，以贯彻直线管理的指示意图。

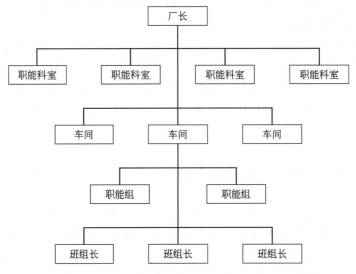

图 2-2 直线职能制组织机构示意图

直线职能制最早由美国的通用电气公司发展起来,至1917年,美国制造业236家公司有80%采用了这种结构。目前,我国大多数企业及非营利组织还经常采用这种组织形式。

(1) 优点　有利于企业集中有限的资源,按总体设想,投到最有效的项目上去;还有利于产供销各个环节之间的紧密协调;既保证组织的统一指挥,又加强了专业化管理。

(2) 缺点　直线人员与参谋人员关系难协调,造成体制僵化,管理成本上升。

四、任务实施

任务实施可按照任务布置、准备、执行、评价、验收五个阶段进行,具体操作方法参照情景一中的任务实施部分,操作内容应结合本次任务进行。

【再次训练】完成上述任务之后,试试看你能绘制某石化公司电气检修队的组织机构图吗?(见"七、拓展训练1")

五、任务评价

任务完成情况的考核评分与情景一中的任务评价部分相同,以此为标准进行评价。

六、归纳总结

化工企业基层单位要依组织机构设置和选择的原则来选择适合自己的、高效的组织结构形式。最基本、最普遍的组织机构形式是直线职能制,车间设职能组,并都有权在各自业务范围内向下级下达命令。本次任务要求绘制化工企业车间组织机构示意图,而车间组织机构普遍采用直线职能制模式。

七、拓展训练

1. 某石化公司电气检修队是公司的基层单位,主要负责公司的电气维检修。下设管理组、三个维修工段(维修一工段、维修二工段、维修三工段)和检修工段。其中,管理组下设生产技术、设备安全、机电监测、综合管理四个部门;维修一工段下设三个班(一班、二班、三班);维修二工段下设五个班(一班、二班、三班、四班、五班);维修三工段下设四个班(一班、二班、三班、四班);检修工段下设九个班(技措班、检修班、试验班、钳工班、大修班、起重班、运行班、水源班、海输班)。请您绘制电气检修队组织机构示意图。

2. 某化工厂以生产电力电容器绝缘油和无碳复写纸压敏染料溶剂油为主,主要产品有二芳基乙烷（PXE）、耐低温绝缘油（PEPE）、苄基甲苯绝缘油（MDBT）等，现有员工130人，下设财务处、人力资源部、生产科、技术科、质量管理科等部门和甲、乙、丙三个生产车间，甲车间有2个班组，乙车间有4个班组，丙车间有3个班组，请你帮助该化工厂选择一种组织机构形式并绘制组织机构示意图。

任务二　化工企业生产班组文化构建

我国著名经济学家于光远有几句名言"经济繁荣靠企业，企业兴旺靠管理，管理关键在于文化"。企业文化之所以对企业生产经营管理起作用，是靠其对职工的熏陶、感染和引导。企业文化中包容的共同理想、价值观念和行为准则作为一个群体心理定势及氛围存在于企业职工中。在这种企业文化面前，职工会自觉地按照企业的共同价值及行为准则去从事工作、学习、生活，发自内心地为企业创造财富，这种作用是无法去度量和计算的。

一、任务介绍

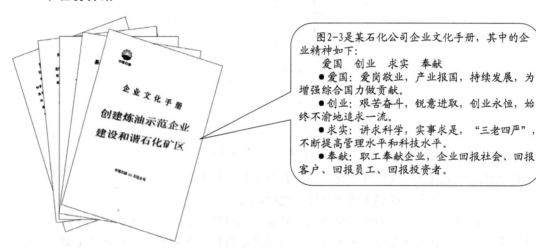

图 2-3 是某石化公司企业文化手册，其中的企业精神如下：
　　爱国　创业　求实　奉献
● 爱国：爱岗敬业，产业报国，持续发展，为增强综合国力做贡献。
● 创业：艰苦奋斗，锐意进取，创业永恒，始终不渝地追求一流。
● 求实：讲求科学，实事求是，"三老四严"，不断提高管理水平和科技水平。
● 奉献：职工奉献企业，企业回报社会、回报客户、回报员工、回报投资者。

图 2-3　某石化公司文化手册

主要任务：请你结合生产单位班组实际，参照上述案例内容，提炼该石化公司生产班组精神。
知识目标：1. 了解企业文化的内涵；
　　　　　　2. 掌握企业文化结构及内容。
能力目标：能提炼化工企业基层生产班组观念层文化。
素质目标：完成任务的态度、完成任务的质量、知识应用能力、书面表达能力、语言表达能力、与人合作能力。

二、任务分析

要完成好上述任务，就要在了解企业文化内涵的基础上，掌握企业文化结构及各部分的内涵。

三、相关知识

1. 企业文化的内涵

企业文化就是企业在长期的生存和发展中所形成的,为企业多数成员所共同遵循的经营观念或价值观体系。其中,共同的价值观是形成企业文化的核心。因此,企业文化也可以认为是以企业哲学为主导,以企业价值观为核心,以企业精神为灵魂,以企业道德为准则,以企业形象为形式的系统理论。企业文化的内涵,可以从以下几个方面进一步理解。

(1) 企业文化的核心是企业价值观。

(2) 企业文化的中心是以人为主体的人本文化。

(3) 企业文化的管理方式是以软性管理为主。

(4) 企业文化的重要任务是增强群体凝聚力。

2. 企业文化的结构

企业文化的结构应包括物质层、行为层、制度层和观念层四个层次,如图 2-4 所示。

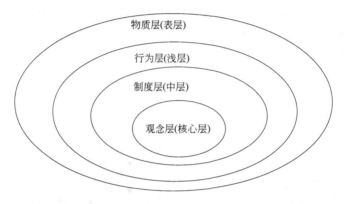

图 2-4　企业文化结构示意图

其中观念层是属于一种隐性文化,它是企业文化的根本。

物质层、行为层和制度层则属于显性文化的内容。

(1) 观念层　企业文化的观念层是现代企业文化的核心层,指企业在生产经营中形成的独具本企业特征的意识形态和文化观念。它包括企业精神、企业哲学、企业价值观、道德规范、企业目标等。

【案例】　某石化公司的工作目标

工作目标:安全运行,稳定运行,效益运行

企业管理的最终目的是保证生产安全、稳定、效益运行,这是企业的工作目标,也是每个员工努力工作的方向。

(2) 制度层　制度层也叫企业的制度文化,它在企业文化中居中层,是具有本企业文化特色的各种规章制度、道德规范和职工行为准则的总称,包括厂规、厂纪以及生产经营中的交往方式、行为准则等,也包括企业内部长期形成的企业风俗,是一种强制性文化。

企业的规章制度主要包括企业的领导制度、人事制度、劳动制度和奖惩制度。

【案例】　某石化公司员工行为准则

• 做到"十不"

• 不迟到,不早退,不带烟,不脱岗,不闲聊,班前不饮酒,班中不瞌睡,不打游戏,不干私活,不在防爆区打手机。

• 遵守"九要"

工作要尽责,安全要记牢,践诺要有信,处事要公道,操守要自律,节俭要自觉,举止要文雅，待人要礼貌，着装要规范。
- 推行"八提倡"

提倡奉献社会，提倡勇于创新，提倡团队精神，提倡爱厂如家，提倡厉行节约，提倡钻研业务，提倡岗位成才，提倡尊师爱徒。
- 构建"七和谐"

企业与社会和谐，企业间和谐，安全与效益和谐，工序间和谐，上下级和谐，员工间和谐，家庭内部和谐。
- 达到"六提高"

提高政治水准，提高自身修养，提高专业技能，提高应变能力，提高工作效率，提高沟通技巧。
- 坚持"五报告"

完成任务情况及时报告，发现安全隐患、生产波动及时报告，发现违章、违纪事件及时报告，发现侵害企业利益现象及时报告，发现不稳定因素及时报告。
- 做好"四监督"

对企业执行国家路线、方针、政策情况进行监督，对企业重大决策执行情况进行监督，对民主管理制度执行情况进行监督，对管理者勤政、廉政情况进行监督。
- 强化"三受控"

执行规章制度要受控，生产过程要受控，人、财、物管理要受控。
- 发挥"两个积极性"

管理层和执行层的积极性。
- 实现"一个目标"

打造精品炼厂，构建和谐企业，实现跨越式发展。

（3）行为层　企业文化的行为层是指企业员工在生产经营、学习娱乐中产生的活动文化，它包括企业经营、教育宣传、人际关系的活动、文娱体育活动中产生的文化现象。

根据不同的行为主体划分，企业行为包括企业家行为和企业员工行为。

【案例】某石化公司员工行为

员工行为：品行端正，敬业爱岗，工作勤奋，技术过硬，文明礼貌，遵章守纪
- 爱厂如家，有主人翁责任感，积极参与企业民主管理。
- 服从领导听指挥，遵章守纪，有良好的道德观念。
- 工作积极主动，踏实肯干，保质保量、按时完成生产工作任务。
- 遵守操作规程，维护保养好设备，做到安全生产，文明生产。
- 钻研技术，一岗多能，好学上进，勇于创新，提高生产效率。
- 团结互助，见义勇为，树立新风尚。
- 服装整洁，举止端庄，言行文明。

（4）物质层　物质层包含的是企业员工创造的产品和各种物质设施等所构成的器物文化。它主要包括企业产品结构和外表、款式、企业劳动环境和员工休息娱乐环境、员工的文化设施，以及厂容厂貌（见图 2-5）、企业名称和标识等。

四、任务实施

任务实施可按照任务布置、准备、执行、评价、验收五个阶段进行，具体操作方法参照情景一中的任务实施部分，操作内容应结合本次任务进行。

图 2-5 某石化公司厂容厂貌

【再次训练】完成上述任务之后,试试看你能根据该公司的管理者行为来提炼生产单位班组长行为吗?(见"七、拓展训练 1")

五、任务评价

任务完成情况的考核评分与情景一中的任务评价部分相同,以此为标准进行评价。

六、归纳总结

化工企业生产班组文化的构建要结合本企业车间和班组生产实际,体现化工行业和本企业文化建设实施纲要的主要内容。《企业文化手册》浓缩了企业文化的精髓,是公司广大员工认知、认同,统一思想,指导行动的文化结晶。它是对企业观念层、制度层、行为层和物质层文化进行整合、提炼和创新,其中,观念层文化属于一种隐性文化,它是企业文化的根本,是核心。物质层、行为层和制度层文化则属于显性文化,是外在的表现。

七、拓展训练

1. 请你结合化工企业生产车间和班组实际,参照下面案例,提炼该公司生产单位班组长行为。

【案例】 某石化公司管理者行为

管理者行为:政治坚定,业务精良,勤于思考,开拓创新,率先垂范,廉洁奉公,公道正派,联系群众,忠于职守,政绩突出。

形象标准:
- 思想解放,观念创新,政治坚定,促进和谐,实现科学发展观。
- 刻苦钻研,精益求精,有较高的工作水平和较强的工作能力。
- 遵章守纪,秉公办事,原则性强,敢于向不良现象做斗争。
- 脚踏实地,忠于职守,求真务实,办实事,办好事。
- 作风正派,品德优良,廉洁自律,不奢侈浪费。
- 识大体,顾大局,吃苦在前,勇挑重担,克己奉公。
- 团结协作,诚实守信,谦虚谨慎,群众拥戴。

2. 请你结合化工企业生产单位实际,参照下面案例,提炼该公司班组 QHSE 理念。

【案例】 某石化公司 QHSE 理念
- 质量理念:以客户为关注焦点。
- 健康理念:珍惜生命从关注员工健康开始。
- 安全理念:付出一万以防万一。
- 环境理念:保护环境从我做起。

质量、健康、安全、环保是人类生存的四大关注点。作为物质财富的创造者，我公司全体员工的质量意识、健康水平、安全保证和生存环境，成为企业发展优先考虑的课题。在未来的发展中，企业将全面推行质量目标管理和安全目标管理，健全健康管理制度，增加环境保护设施的投入，把生产过程中影响质量、健康、安全、环保的因素减少到最小。

课后训练题

1. 知识训练题
（1）简述组织机构设置的原则。
（2）简述直线职能制的特点。
（3）你对企业文化的内涵是如何理解的？
（4）简述企业文化结构及内容。
（5）你对观念层文化的内涵是如何理解的？
（6）你对制度层文化的内涵是如何理解的？
（7）你对行为层文化的内涵是如何理解的？
（8）你对物质层文化的内涵是如何理解的？

2. 能力训练题
（1）你愿意在直线制组织机构还是在直线职能制组织机构里工作？为什么？
（2）选择一个你熟悉的组织，画出它的组织机构图。你喜欢在那里工作吗？为什么？
（3）你对"共同的信念是企业成功的最重要因素，是一个企业的真正凝聚力"是如何理解的？
（4）你对"企业形象是企业文化的外在表现"是如何理解的？
（5）你对"'企'无人则止，管理的真谛在于激发人的积极性和创造性"是如何理解的？
（6）你对"举手投足表现素质，一言一行反映修养"是如何理解的？
（7）你心目中的企业形象是啥样的？用8～10个字描述出来，并赋予内涵。
（8）调查一个化工企业，用12个字描述该企业生产单位的形象，并赋予内涵。

情境三

化工企业人力资源管理

任务一 化工企业生产单位班组长选拔管理

人事测评技术方法主要有三种,即沙盘推演测评法、公文筐测试法、职业心理测试。其中公文筐测试法是常用的选拔人才的方法,使用频率高达80%以上,是最有效的一种测评形式。

一、任务介绍

图 3-1 蒸馏车间面向车间内部公开选拔班长公告

> **主要任务**:请你用公文筐测试法完成上述选拔任务。
> **知识目标**:1. 了解人才选拔的程序和方法;
> 　　　　　　2. 了解公文筐测试的内涵;
> 　　　　　　3. 掌握公文筐试题的设计程序;
> 　　　　　　4. 掌握公文筐测试的基本操作程序;
> 　　　　　　5. 掌握公文筐测试的具体操作步骤。
> **能力目标**:能正确地使用公文筐测试法选拔人才。
> **素质目标**:完成任务的态度、完成任务的质量、知识应用能力、书面表达能力、语言表达能力、与人合作能力。

二、任务分析

要完成好上述任务,就要了解人才选拔的程序和方法,了解公文筐测试的内涵,掌握公文筐试题的设计程序、基本操作程序、具体操作步骤，最后才能完成选拔任务。

三、相关知识

1. 人才选拔的程序和方法

人才选拔实际上是一个不断选择和淘汰的过程，在整个招聘活动中处于核心地位。它通常要经过以下步骤来完成：筛选申请材料（如简历、应聘申请表）、预备性面试、知识技能测验、职业心理测试、公文筐测试、结构化面试、评价中心测试（如情境面试）、身体检查、背景调查等。如图3-2所示。

在公文筐测试中，假定被试将接替某个管理者的工作，并被要求在规定的时间内处理相当数量的文件、电话、信件等。主要考察被试者的计划、决策能力等。

2. 公文筐测试法

公文筐测试，也称公文处理，是被多年实践充实、完善并被证明是很有效的管理人员测评方法，是对实际工作中管理人员掌握分析各种资料、处理信息以及做出决策等活动的高度集中和概括。

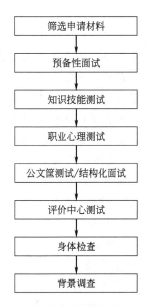

图3-2　人才选拔的实施过程

测试在模拟情境中进行。一般模拟的是某公司在日常工作中可能发生的或者是经常发生的情境，比如下级的请示、客户的投诉、同级部门的协助请求、外部供应商提供产品信息等。提供给被试的公文有下级的请示、工作联系单、备忘录、电话录音等。除此之外，还会提供一些背景信息，如公司基本情况、市场信息、外部环境状况等。通过测试指导语的说明，让被试以管理者的身份假想自己正处于某个情境之中。该情境通常是模拟在一定的危急情况下，要求被试完成各种公文的处理。考官通过观察其处理公文的过程，对被试的计划能力、组织能力、协调能力、沟通能力、预测能力、决策能力等做出判断与评价。下面的案例就是公文筐测试的试题样式及参考答案。

【案例】　高级人力综合评审测试题

• 背景

华达公司是一家大型民营上市公司，业务领域涉及水利工程、环保科技和电力自动化等多个领域，其人力资源部下设五个主管岗位，分别是招聘主管、薪酬主管、绩效主管、培训主管和劳动关系与安全主管，每个主管有2～3位下属。今天是2009年2月9日，你（李明）有机会在以后的3小时里担任该公司人力资源部总监的职务，全面主持公司人力资源管理工作。

现在是上午8点，你提前来到办公室，秘书已经将你需要处理的邮件和电话录音整理完毕，放在了文件夹内。文件的顺序是随机排列的，你必须在3小时内处理好这些文件，并做出批示。11点钟还有一个重要的会议需要你主持，在这3小时里，你的秘书会为你推掉所有的杂事，没有任何人来打扰。

• 任务和答题要求

任务：在接下来的3小时中，请你查阅文件筐中的各种信函、电话录音以及E-mail等，并用如下的回复表作样例，给出你对每个材料的处理意见。

具体答题要求：

A. 确定你所选择的回复方式,并在相应选项的"□"里划"√"。
B. 请给出你的处理意见,并准确、详细地写出你将要采取的措施及意图。

● 文件一

类别:电话录音
来件人:王睿　劳动关系与安全主管
收件人:李明　人力资源部总监
日期:2月9日

李总:

您好!我是王睿,有件事情非常紧急,今早七点,我接到郑州交通管理局的电话,六点十分在郑州203国道上发生重大交通事故,我公司销售部的刘向东驾车与一辆大货车相撞,刘向东当场死亡,对方司机重伤,目前正在医院抢救,与刘向东同车的还有公司的销售员人员蔡庆华、隋东和王小亮,三人都有不同程度受伤,但无生命危险。

目前事故责任还不能确定,我准备立刻前往郑州处理相关事务,希望您能尽快和我联系,商量一下应对措施。

● 文件一的回复表

回复方式:(请在相应选项前的"□"里划"√")
□ 信件/便函
□ E-mail
☑ 电话
□ 面谈
□ 不予处理
□ 其他处理方式,请注明_____

回复内容:(请做出准确、详细的回答)

● 文件一参考答案

处理意见:

A. 尽力抢救、治疗。
B. 尽快报告企业高层领导,并联系有关部门和伤亡职工的家属。
C. 确认职工是否参加工伤保险。

如果参加了,按国务院2004年1月1日颁布的《工伤保险条例》办理相关事宜。包括工伤认定、工伤申请、工伤补偿等。

如果员工没有参加工伤保险,按《工伤保险条例》规定,员工的一切补偿由本公司承担。

D. 积极配合事故的调查与处理,妥善安置相关事宜。
E. 今后要加强工伤预防和对职工的安全教育。

(1) 公文筐测试的特点

① 公文筐测试的适用对象为所有管理者,多数用于选拔中高层管理者,它可以帮助组织选拔优秀的管理人才,考核现有管理人员或甄选出新的管理人员。由于测试时间一般需2小时左右,因此常被作为选拔和考核的最后一个环节加以使用。

② 公文筐测试主要从以下两个角度进行测查:一是技能角度,主要考察管理者的计划、预测、决策和沟通能力;二是业务角度,材料涉及财务、人事、行政、市场等多方面。

③ 公文筐测试对评分者的要求较高。评分前需进行系统培训，要对可能的答案了如指掌，以保证测评结果的客观和公正。

④ 考试内容范围广泛。包括文件处理的方式，处理问题的方法和结果。

⑤ 情境性强。完全模拟现实中真实发生的经营、管理情境，测试材料涉及日常管理、人事、财务、市场、公共关系、政策法规等各项工作。

(2) 公文筐试题的设计程序

① 工作岗位分析。在试题设计之前，应该深入分析工作岗位的特点，确定任职者应该具备哪些关键的知识、经验和能力，最后确定公文筐测试的能力要素及权重。

② 文件设计。包括文件的类型（如信函、报表、备忘录、批示等）、内容及预设情境等。

③ 确定评分标准。它是设计的难点，一是在编制好整套试题后，对每份公文的测试内容，由主考人员从中整理出可能出现的答案；二是在正式施测前对所有的答案进行汇总，进行必要的修正和完善，编制出每一份公文的答案要点；三是参照公文筐测试能够测评的能力指标，将指标转换成具体的评价要素，请有关专家集体研究，究竟什么样的答案可以得高分，什么样的答案属于一般水平，哪些要点与哪些测评能力要素相衔接。进一步完善并最终确定测评答案及评分标准。

最后，根据答案对被试的答卷以采点得分的方式进行评分。也就是说，为每一份公文的答案都制定出若干得分点，由评分人员依据参考答案的得分点来对被试进行评分。这样的评分标准即使是非专业人士也可以运用。

(3) 公文筐测试的基本操作程序

① 明确背景及任务要求。首先向被测者介绍有关的背景材料，然后告诉被测者担任的角色和职责，任务是负责处理公文筐里所有的文件。

② 公文处理。接下来向每一位被试者发一套（5～15份）公文，要求被试者完成各种公文的处理，并努力使自己的行为符合角色规范。公文包括下级的报告、请示、计划、预算；同级部门的备忘录；上级的指示、批复、规定、政策；外部用户、供应商、银行、政府有关部门乃至来自社区的函电、传真以及电话记录，此外还有群众检举或投诉信等。

③ 测试评价。最后把处理结果交给测评专家，按照既定的测评维度与标准进行评价。

(4) 公文筐测试的具体操作步骤

① 测试前20分钟，引导员将被试者从候考室带到相应的测评室。

② 监考人员到保管室领取公文筐测试试卷。

③ 监考人员一一查验被试者的准考证、身份证及面试通知单。

④ 由主监考宣读《考场规则》，请纪检人员和被试代表查验试卷密封情况并签字。

⑤ 测试前5分钟，由主监考宣布发卷并宣读《公文筐测试指导语》。

⑥ 监考人员对答题要求和步骤进行具体指导。

⑦ 考试时间到，由主监考宣布"应试人员停止答题"，被试离开测评室，监考人员收卷密封。

⑧ 主监考填写考场情况记录，监考人员和纪检人员签字后，将试卷袋送交保管室。

⑨ 组织测评专家阅卷。

⑩ 公布测试结果。

四、任务实施

本次任务实施与情景一中的任务实施程序相同，可按照任务准备、执行、评价、验收四个阶段进行，由于本次任务实施起来较为复杂，故示例如下。

1. 准备阶段

(1) 分组准备　10人一组，各组推举监考人员1人。

(2) 材料和测试场所准备　要求被试（学生）返回自己的座位，并准备好测验所用的如下材料：统一印发的练习册、铅笔、橡皮（有条件的可在计算机上完成）。

2. 执行阶段

(1) 监考人员完成对考生身份确认；

(2) 主试（教师）朗读指导语，学生开始答题。

指导语：

请大家注意，为了大家测试取得真实成绩，请不要相互交流。请大家打开手中的练习册，翻到××页，找到测试题。这是一个公文筐测验，它模拟的是实际的管理情境，在实际测试中总共有5份文件，下面的这个文件是其中的第二个文件，也是我们将要完成的文件，内容是一份电子邮件。请在练习册上用铅笔回答问题，在别处回答无效。请注意您只有10分钟的时间完成这项任务。

在考生（学生）对以上要求和指导语没有疑问后就可以开始答题了。

下面是蒸馏车间选拔班长测试题。

• 背景

腾达石化公司的蒸馏车间是公司直属的重要生产车间，主要装置有一常装置、二常装置和四注电精制装置，主要负责原油的一次加工，是炼油的龙头，为后续车间装置提供原材料，现设计总的原油能力为630万吨/年，共有员工127人，车间下设五个生产班，每班大约20人。车间采用班组成本核算系统，实现班组成本核算数据的自动采集、计算、排名、考核。每月15日前，车间核算员将班组核算数据统计整理，形成核算统计报表，并根据核算结果，对班组进行排名，报车间作为月奖金考核的一项依据。生产二班现有员工21人，当班作业要负责一、二套常减压装置的生产操作和产品质量调节，其重要性不言而喻。今天是2011年10月9日，你（李明博）有机会在以后的1小时里担任该公司蒸馏车间二班长职务，全面主持蒸馏车间二班的管理工作。

现在是早晨7点，你提前来到办公室，你必须在1小时内处理好文件，并做好落实。8点钟车间还有一个调度会议需要你参加，在这1小时里，可能有人来打扰。

• 具体答题要求

A. 确定你所选择的回复方式，并在相应选项的"□"里划"√"。

B. 请给出你的处理意见，并准确、详细地写出你将要采取的措施及理由。

• 文件二

类　别：电子邮件

来件人：李岩　蒸馏车间主任

收件人：李明博　二班长

日　期：7月8日晚9点

李班长：

9号下午你是否有空，我刚刚看过我们车间本月的经济核算统计报表，你们班排名在5

个班中位列第四，综合过去一年来各班的经济核算情况，我觉得有必要对你们班的关键操作岗位人员进行调整。另外，你也知道车间明年大修时要上一些新设备，需要有针对性地补充一些操作人员，我想听听你的意见，请准备一下相关资料，并与我联系。

李 岩

（3）评价人员（学生）选择　小组10人全部参加评价，并推举评委会主任1人。

（4）评价人员（学生）培训　教师首先公布"文件二"的参考答案，讲解评分标准和具体要求，然后由学生根据评分标准（见表3-1、表3-2）为"文件二"的参考答案制定得分点，让学生针对具体的测试答卷和评分过程进行讨论，使评分者的评分达到基本的一致。

表3-1　【文件二】测评的项目和重点

测验项目 \ 等级、内容	重点测评内容			
	A	B	C	D
沟通能力	能够准确地采取适当的沟通方式与上级沟通，并能根据文件内容之间的联系来处理问题	能够较为准确地采取适当的沟通方式与上级沟通，并能根据文件内容之间的联系来处理问题	能准确地采取适当的沟通方式与上级沟通，但不能根据文件内容之间的联系来处理问题	不能采取适当的沟通方式与上级沟通，也不能根据文件内容之间的联系来处理问题
分析能力	能很好地利用电子邮件中的信息，准确掌握关键所在，洞悉事物间联系，适时地做出适当的对策	能比较好地利用电子邮件中的信息，准确掌握关键所在，洞悉事物间联系，适时地做出适当的对策	能利用电子邮件中的信息，但不能掌握关键所在，洞悉事物间联系，适时地做出适当的对策	不能利用电子邮件中的信息，也不能掌握关键所在，洞悉事物间联系，适时地做出适当的对策
决策能力	能够及时做出决策，在决策时能全面考虑到各方面的因素，并能做出可行的方案	能够及时做出决策，在决策时能考虑到各方面的因素，提出可行的方案	能够做出决策，在决策时考虑因素很少，也不能提出可行的方案	不能做出决策
书面表达能力	思路非常清晰，叙述有条理，层次分明，书面表达结构严谨，言简意赅，能准确反映自己的想法，表现出较为熟悉业务的各个领域，文体风格与假设情境相适应	思路比较清晰，叙述有条理，层次分明，书面表达结构严谨，言简意赅，能比较准确反映自己的想法，文体风格与假设情境相适应	思路清晰，叙述有条理，层次分明，书面表达结构严谨，言简意赅，但不能准确反映自己的想法，文体风格与假设情境也不适应	思路不清晰，叙述无条理，层次不分明，书面表达结构不严谨，语言烦琐，不能准确反映自己的想法，文体风格与假设情境也不适应

表3-2　【文件二】测评计分表

考号（学号）：　　　姓名：　　　性别：　　　单位（班级）：

序号	测评指标	等级指标及测评指标等级分数					备注
		A级	B级	C级	D级	打分	
1	沟通能力	30	25	10	0		
2	分析能力	30	25	10	0		
3	决策能力	20	15	5	0		
4	书面表达能力	20	15	10	1		
	总计（Σ）						

评分者签名：

（5）评价人员（学生）评分　为了保证评分尽可能的客观，评分过程分为三部分。第一，请每一位评价人员独立对每一位被试试卷进行评价，然后由工作人员（学生）汇总。第二，对评分人员给每一位被试者的赋分进行比较分析，观察是否在某些指标上出现的差异较大，如果没有就可以确定最终的得分。第三，如果在某些指标上出现的评分差异较大，就必须进行讨论，然后在此指标上分别重新打分，若还有争议，继续讨论，继续打分，直到意见较为一致为止。

（6）进行分数统计　每小组出3人统计分数，并按成绩排出名次。

3. 任务评价阶段

任务完成情况的考核评分与情景一中的任务评价部分相同，以此为标准进行评价。

4. 任务验收阶段

教师对结果准确的小组进行肯定性验收签字。

【再次训练】完成上述操作任务之后，试试看你能用公文筐测试法完成选拔某石化公司蒸馏车间主任等任务吗？（见"六、拓展训练"）

五、归纳总结

公文筐测试也称公文处理。它不仅是一种选拔方法，而且也是一种考核培训的技术，要求被试者在规定的时间内处理相当数量的文件、电话、信件等，进而考察被试者的计划能力、决策能力等。在人才选拔过程中常被作为选拔的最后一个环节加以使用。要完成好公文筐测试任务，要求掌握试题的设计程序、测试的基本操作程序、测试的具体操作步骤。其中，评分标准设计是难点、依据评分标准如何进行评价是关键。

六、拓展训练

某石化公司拟在蒸馏车间内部公开选拔车间主任1名，报名范围：符合规定条件的车间内部人员均可报名。报名条件：具有蒸馏车间主要岗位五年以上工作经验（业绩突出者可破格），掌握装置生产工艺流程及工艺技术指标，大专及以上学历，群众威信较高，年龄在40岁左右。选拔程序：报名、笔试、公文筐测试、组织考察、决定任职人选。目前已完成笔试，选出3人参加下一轮测试。

要求：

1. 请你完成材料1的测试题。

2. 请你根据材料2、材料3，为"文件三"的标准参考答案制定得分点，并说出理由。最后对自己完成的测试题进行赋分。

3. 请你尝试设计一份选拔该石化公司维检修车间主任的公文处理测试题，并尝试制定一份评分标准及参考答案。

材料1．选拔蒸馏车间主任测试题

• 背景

腾达石化公司的蒸馏车间是公司直属的重要生产车间，主要装置有一常装置、二常装置和四注电精制装置，主要负责原油的一次加工，为后续车间装置提供原油，现设计总的原油能力为630万吨/年，共有员工127人，车间下设五个生产班，每班大约20人。能耗管理是车间班组管理的重点，车间工艺员负责能耗管理具体工作。今天是2010年7月9日，你（王晓光）有机会在以后的2小时里担任该公司蒸馏车间主任职务，全面主持蒸馏车间的管理工作。

现在是上午 8 点，你提前来到办公室，你必须在 2 小时内处理好文件，并做出批示。10 点钟还有一个调度会议需要你主持，在这 2 小时里，没有任何人来打扰。

- 任务和答题要求

任务：在接下来的 2 小时中，请你查阅办公桌上的各种信函、电话录音以及 E-mail 等，并用回复表进行回复，给出你对每个材料的处理意见。

具体答题要求：

A. 确定你所选择的回复方式，并在相应选项的"□"里划"√"。

B. 请给出你的处理意见，并准确、详细地写出你将要采取的措施及理由。

- 文件三

类　别：书面请示

来件人：吕　刚　一班长

收件人：王晓光　蒸馏车间主任

日　期：7 月 8 日

王主任：

您好！我是一班的班长吕刚，今天，我和车间工艺员王杰就车间对班组的能耗管理问题进行过建议。目前车间对班组的能耗管理还是单纯依靠 Excel 统计、汇总能源基础数据信息，进行烦琐数据处理及能耗指标计算的处理模式，我认为在信息化、规范化和精细化管理时代，这种管理模式已经不适应企业发展的需要，也给成本核算及奖金分配等工作带来很多麻烦。在上次和王杰的建议中，我们曾设想依托公司现有网络系统，建立起以 EMS（能耗管理系统）为主，炼油工艺分析软件、公用工程分析软件、蒸汽管网智能监测软件为辅的能耗管理信息平台，使车间能耗数据采集、存储、统计、汇总、分析、报表输出等日常管理工作实现信息化处理，但这只是设想，还不太具体。您也知道，车间要求各班组加强能耗管理的力度越来越大，大家也都有加强能耗科学化、信息化管理的需求，所以我想听听您对我们意见的看法。

吕　刚

- 文件三的参考答案

回复方式：面谈

处理意见如下。

吕刚：你好，感谢你对车间能耗管理问题的思考，我将积极地考虑你所提出的建议，并做如下安排。

1. 请你提供一份今年以来一班能耗管理情况的报告；
2. 请工艺员王杰与一班员工座谈，听取员工对能耗管理的意见；
3. 我将于近日内到各班与班长座谈，调查了解能耗管理工作的需求及特点，分析原因；
4. 我还将于近日到公司信息中心调研，分析车间与公司信息中心合作的可能性；
5. 在各班的协助下、在公司信息中心的支持帮助下做好能源管理的实施方案；
6. 在制订能源管理实施方案时要考虑与班组成本核算及考核管理工作一并进行，以实现班组能源管理和成本核算数据的自动采集、计算、排名、考核；
7. 要使能耗管理的内容规范化、考核标准化、指标科学化。

材料 2. 测评的项目和重点（见表 3-3）

表 3-3 【文件三】测评的项目和重点

测验项目 \ 等级、内容	重点测评内容			
	A	B	C	D
沟通能力	能够准确地采取适当的沟通方式进行纵横向沟通，并能根据文件内容之间的联系来处理问题	能够较为准确地采取适当的沟通方式进行纵横向沟通，并能根据文件内容之间的联系来处理问题	能准确地采取适当的沟通方式进行纵横向沟通，但不能根据文件内容之间的联系来处理问题	不能采取适当的沟通方式进行纵横向沟通，也不能根据文件内容之间的联系来处理问题
分析能力	能很好地利用书面请示中的信息；准确掌握关键所在，洞悉事物间联系，适时地做出适当的对策	能比较好地利用书面请示中的信息；准确掌握关键所在，洞悉事物间联系，适时地做出适当的对策	能利用书面请示中的信息；但不能掌握关键所在，不能洞悉事物间联系，不能适时地做出适当的对策	不能利用书面请示中的信息；也不能掌握关键所在，不能洞悉事物间联系，不能适时地做出适当的对策
组织协调能力	善于分配工作与权利，并按照一定的程序要求处理问题	比较善于分配工作与权利，并按照一定的程序要求处理问题	能分配工作与权利，但不能按程序要求处理问题	不能分配工作与权利，也不能按程序要求处理问题
决策能力	能够及时做出决策，在决策时能全面考虑到各方面的因素，并能做出可行的方案	能够及时做出决策，在决策时能考虑到各方面的因素，提出可行的方案	能够做出决策，在决策时考虑因素很少，也不能提出可行的方案	不能做出决策
书面表达能力	思路非常清晰，叙述有条理，层次分明，书面表达结构严谨，言简意赅，能准确反映自己的想法，表现出较为熟悉业务的各个领域，文体风格与假设情境相适应	思路比较清晰，叙述有条理，层次分明，书面表达结构严谨，言简意赅，能比较准确反映自己的想法，文体风格与假设情境相适应	思路清晰，叙述有条理，层次分明，书面表达结构严谨，言简意赅，但不能准确反映自己的想法，文体风格与假设情境也不适应	思路不清晰，叙述无条理，层次不分明，书面表达结构不严谨，语言烦琐，不能准确反映自己的想法，文体风格与假设情境也不适应

材料 3. 测评计分表（见表 3-4）

表 3-4 【文件三】测评计分表

考号（学号）： 姓名： 性别： 单位（班级）：

序号	测验项目	等级指标及测评指标等级分数					备注
		A级	B级	C级	D级	打分	
1	沟通能力	25	20	10	0		
2	分析能力	15	10	4	0		
3	组织协调能力	25	20	10	0		
4	决策能力	25	20	10	0		
5	书面表达能力	10	8	5	0		
	总计（Σ）						

评分者签名：

任务二　化工企业操作人员教育培训管理

化工企业为培养操作人员职业道德，提高业务、技术、技能水平，最大限度地减少人为不确定因素对安全生产构成的危害,实现生产装置的操作受控和有序管理,必须强化操作人员岗位培训。班组是操作人员岗位培训的重要组成部分,班长、运转工程师负责掌握每一位员工技术、技能素质现状,及时准确地向车间提出培训需求建议。

一、任务介绍

图 3-3 是某石化公司操作人员岗位培训管理实施细则,其中操作人员岗位培训主要内容和要点如下:
培训内容以装置操作规程和岗位应知应会为主,特别是加强开停工规程、专用设备操作规程、基础操作规程、事故处理预案等单项操作规程内容的培训,开展事故处理预案的演练,突发事件的处理办法、安全作业规程、安全生产管理办法、环保管理规定、车间安全生产管理考核制度等培训,以增强安全环保意识,强化自我保护能力,提高操作波动和突发事件的处理能力。

图 3-3 某石化公司操作人员岗位培训管理实施细则

主要任务:请你以班长的身份,根据上述案例内容和教材中的相关知识,制定某石化公司 2010 年蒸馏车间班组操作人员岗位培训主要内容和要点(见表 3-5)。
知识目标:1. 了解化工企业教育培训的主要任务;
2. 掌握化工企业操作人员岗位培训的内容。
能力目标:会制定化工企业班组操作人员岗位培训主要内容和要点。
素质目标:完成任务的态度、完成任务的质量、知识应用能力、书面表达能力、语言表达能力、与人合作能力。

表 3-5 2010 年蒸馏车间班组操作人员岗位培训主要内容和要点

培训内容	培训要点
……	

二、任务分析

要完成好上述任务,就要了解化工企业教育培训的主要任务,了解操作人员岗位培训管理要求,掌握化工企业操作人员岗位培训内容。

三、相关知识

1. 化工企业教育培训的主要任务

教育培训分为思想政治教育、职业道德培训、岗位培训(岗前培训、岗位任职资格培训、岗位适应性培训)、继续工程教育和学历教育(见表 3-6)。

表 3-6　化工企业教育培训内容和要点

培训内容	培训要点(对象)
思想政治教育	按公司有关部门规定执行
职业道德培训	按公司有关部门规定执行
继续工程教育	对各类专业技术人员和生产技术骨干(如操作骨干)的知识更新、拓展及工作能力和创新能力培训
学历教育	对后备人才进行硕士和博士层次的学历教育
岗位培训	岗前培训:新录用员工上岗前的知识技能培训(3～6个月);各类员工转岗前的知识技能培训;新技术、新工艺推广应用前的培训等 岗位任职资格培训:上岗合格证书培训(特殊工作岗位培训)、技术等级培训(2年评聘一次)、学历要求培训等 岗位适应性培训:新入职员工岗位适应性培训应包括破冰活动、职业道德修养、职业生涯规划、职业礼仪以及职业初期心理调适等内容,实现职业和岗位的角色转变

2. 化工企业操作人员岗位培训管理

（1）管理内容及要求　操作人员培训与考核做到"三个百分之百"（见图 3-4）。同时将培训计划的执行情况纳入经济责任制考核。

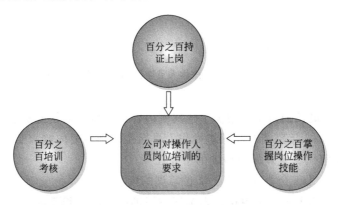

图 3-4　操作人员岗位培训的要求

（2）操作人员岗位培训内容　操作人员岗位培训必须坚持面向生产和实际工作,本着"干什么、学什么,缺什么、补什么"的原则,按需施教、学用结合、务求实效,提高培训的针对性和实效性。

【案例】　2010年某石化公司操作工培训（见图 3-5）

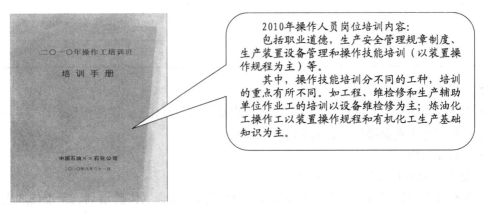

图 3-5　某石化公司操作工培训讲义

四、任务实施

任务实施可按照任务布置、准备、执行、评价、验收五个阶段进行，具体操作方法参照情景一中的任务实施部分，操作内容应结合本次任务进行。

【再次训练】完成上述任务之后，试试看你能完成"七、拓展训练1"的任务吗？

五、任务评价

任务完成情况的考核评分与情景一中的任务评价部分相同，以此为标准进行评价。

六、归纳总结

化工企业员工教育培训的内容分为思想政治教育、职业道德培训、岗位培训（岗前培训、岗位任职资格培训、岗位适应性培训）、继续工程教育和学历教育等。其中操作人员岗位培训与考核要做到"三个百分之百"，培训内容主要以装置操作规程和岗位应知应会为主，包括职业道德、生产安全管理规章制度、生产装置设备管理和操作技能培训等。

七、拓展训练

1. 假如你是某石化公司某生产车间班长，请你根据下面案例和化工企业教育培训的主要任务，设计本班新员工培训主要内容和要点。

【案例】 2010年蒸馏车间新操作人员培训内容（见图3-6）。

新操作人员岗位培训内容：
新操作人员入厂，要接受公司生产、技术、设备、安全、规章制度、职业道德等培训教育，并以师傅带学徒方式接受实际训练，在岗学习时间应在半年以上，学习期满、经考试考核合格发给《操作人员上岗资格证书》。

图3-6　某石化公司蒸馏车间新员工培训讲义

2. 请你根据下面案例，以班长身份制定本班相应管理办法，征得员工同意后报车间备案。

【案例】 某石化公司蒸馏车间员工培训管理考核制度

- 副班时间讲课做到不迟到、不早退，遵守纪律，笔记内容具体完整，字迹清楚。考核方法：每次培训后检查学习笔记，如发现学习笔记记录不清晰，内容不完整的一次扣2分。迟到、早退时间超过30分钟的按未参加培训考核处理，一次扣2分；迟到、早退30分钟以内的一次扣1分；10分钟以内的第一次进行警告，累计3次扣1分；请事假未参加的一次扣2分；不请假扣4分；请病假的，病假结束后自学培训内容，并参加培训考试。
- 临时讲课遵照车间通知，按规定的时间、地点准时参加（考核方法同第1条）。
- 按车间要求参加事故演习，不参加者扣2分，请事假扣2分。
- 每半年进行一次上岗考核，年终考核与业绩考核一起进行，不参加扣3分，事假扣3分。病假（事假）后进行补考。
- 员工培训考核结果与年终晋级、涨工资、其他奖惩及年终考核奖惩挂钩。

- 岗位应知应会考试成绩 85 分为及格。不及格者一个月之后补考一次，仍不及格者待岗培训，待有空岗时竞争上岗。

任务三　化工企业基层单位内部绩效管理

化工企业为了建立有效的工资总额调控机制，加强奖金管理，充分发挥奖金的激励作用，用好用活奖金，调动全体员工的生产经营积极性，一般对基层单位实行利润（成本）、关键指标控制、单项费用承包考核。基层单位内部的绩效考核及奖金分配，由各单位根据经济责任制自行制定实施细则，自主分配。上述内容属于绩效管理范畴，要通过制定绩效指标、考评、结果反馈三个步骤的运作来实现。

一、任务介绍

图 3-7 是某石化公司蒸馏车间班组关键绩效指标考核说明。其中蒸馏车间下设五个班，主要装置为一套常减压装置和二套常减压装置。车间通过与公司信息中心的合作，采用班组成本核算系统软件，实现班组成本核算数据的自动采集、计算、排名、考核。核算数据来源DCS操作系统的实时生产数据和公司质量管理系统产品和馏出口质量实时数据（统计中心化验室对各班化验数据），确保核算数据的真实准确。核算软件数据采集时间与班组生产运行时间一致。对班组考核的关键绩效指标包括综合能耗、可控成本、馏出口合格率、操作平稳率、产品收率、自控率。每月 15 日前，车间核算员将班组核算数据统计整理，形成核算统计报表，并根据核算结果，对班组进行排名，车间根据班组排名情况，决定班组每月发放奖金的数额。如果班组出现被公司查处违反劳动纪律或者出现重大的生产、设备事故，则直接考核为末位。

图 3-7　蒸馏车间班组关键绩效指标考核说明

每月根据上述考核项目，按下列权重进行班组排名。

综合能耗——10%，产品收率——15%，馏出口合格率——20%，操作平稳率——40%，可控成本——10%，自控率——5%。

计算方法：各项考核项目为每班各项单耗占 5 个班单耗总和的比值，与权重的乘积，作为单项得分。总分为各单项得分合计。根据得分多少进行排名。

主要任务：请你以车间班长的身份，根据上述案例和教材中的相关知识，编制蒸馏车间班组关键绩效考评表（见表3-7）。

知识目标：1. 了解绩效管理的内涵；
2. 了解绩效管理的作用；
3. 熟悉绩效管理系统的构成；
4. 熟悉关键绩效考评指标体系的设计方法；
5. 掌握关键绩效考评表的设计方法。

能力目标：能正确地编制班组关键绩效考评表。

素质目标：完成任务的态度、完成任务的质量、知识应用能力、书面表达能力、语言表达能力、与人合作能力。

表3-7 蒸馏车间班组关键绩效考评表

关键绩效指标	权重	简要定义	跟踪频率	数据来源	月评分标准	打分
……						

二、任务分析

要完成好上述任务，就要了解绩效管理的内涵、绩效管理的作用，熟悉绩效管理系统的构成。并要掌握关键绩效指标的内容、关键绩效考评表的设计方法。

三、相关知识

1. 绩效管理的内涵

绩效管理是指为实现组织发展战略和目标，采用科学方法，通过对员工或群体的行为表现、劳动态度、工作业绩、综合素质的全面监测、考核、分析、评估的管理过程。

2. 绩效管理的作用

（1）员工培训与开发　发现绩效差距、分析原因、确定培训需求。

（2）劳动工资与报酬　调整工资、奖金分配的依据。

（3）工作岗位调配　对新员工试用期满后的岗位安排尤为重要。

（4）员工提升与晋级　正确做出人事决策，有效进行提升、晋级、降职、降级。

（5）人力资源管理的专题研究　如：检验人力资源管理策略、制定人力资源规划。

（6）基础管理的健全与完善　对各种管理信息有效地反馈和控制。

3. 绩效管理系统的构成

（1）定义　绩效管理系统是由考评者、被考评者、绩效指标、考评方法、考评程序与考评结果等要素按照横向分工与纵向分解的方式所组成的具有战略导向、过程检测、问题诊断、进度控制、人员激励等功能的有机整体（见图3-8）。横向分工指绩效工作的业务分工；纵向分解指战略目标（关键绩效指标KPI）的层层分解。

（2）企业绩效管理系统的结构设计　企业绩效管理系统分为三个子系统，即绩效指标系统、考评运作系统、结果反馈系统（见图3-9～图3-11）。

4. 关键绩效指标体系（KPI）的设计

关键绩效指标是指在某一阶段一个企业战略上要解决的最主要的问题。它来源于企业的战略目标或企业年度重点工作计划。实际上是用KPI来追踪目标的完成情况。如某航空机

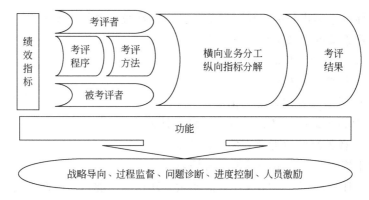

图 3-8 绩效管理系统的构成

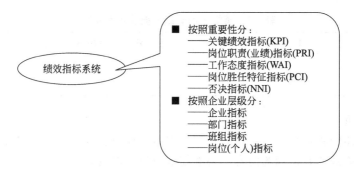

图 3-9 绩效指标系统的构成

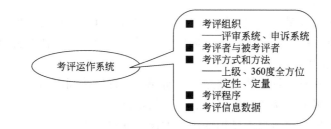

图 3-10 考评运作系统的构成

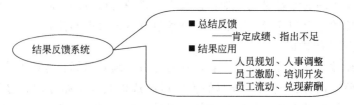

图 3-11 结果反馈系统的构成

场对利润这一战略目标的分解情况（见表 3-8）。

表 3-8 某航空机场根据战略目标提炼的企业 KPI

战略地图		企业关键绩效指标	
战略主题： （增加机场利润）	目标项目	指标名称	目标值

续表

战略地图		企业关键绩效指标	
利润	利润率	利润率	15%
增加营业收入	营业收入增长	每个座位收入	年增长5%
减少飞机数量	较少的飞机数量	飞机耗用成本	年减少2%
顾客管理	维护老顾客	重复顾客数	达到70%
准时服务	吸引新顾客	新顾客数	年增长10%
票价优惠	最低价格	航空局评比	第一
	航班准时	准时起飞率	98%
缩短起降周期时间	快速的起降	地面停留时间	30分钟
战略性工作	发展必需技能	工作齐备程度	3年达到100%
战略性系统	发展支援系统	信息系统就绪	100%
地勤人员整合	地勤人员与战略整合	战略任职程度	100%

（1）关键绩效指标的内容

完整的KPI应包括：指标的编号、名称、定义、设定目的、责任人、数据来源、计算方法、计分方式、考评周期等

（2）关键绩效指标（KPI）的分解　按照考评周期，可以把年度KPI分解为季度指标、月份指标，甚至周、日的层次（见图3-12）

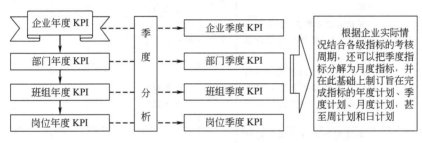

图3-12　企业KPI分解图

5．关键绩效考评表的设计

绩效考评表格是考评阶段的工具，关键绩效考评表格的内容就是关键绩效指标的内容，再加上打分栏。

例如对个人KPI的考评（见表3-9）。实施前由部门与个人签订个人绩效合同。

四、任务实施

任务实施可按照任务布置、准备、执行、评价、验收五个阶段进行，具体操作方法参照情景一中的任务实施部分，操作内容应结合本次任务进行。

【再次训练】完成上述任务之后，试试看你能编制班组职工工作态度考评表吗？（见"七、拓展训练"）

五、任务评价

任务完成情况的考核评分与情景一中的任务评价部分相同，以此为标准进行评价。

六、归纳总结

绩效管理是企业人力资源管理的重要组成部分，绩效管理系统是人力资源管理系统的子

系统。企业绩效管理系统分为三个子系统，即绩效指标系统、考评运作系统、结果反馈系统，三者互为联系，相互作用，缺一不可。在绩效指标系统中关键绩效指标（KPI）是企业在某一阶段在战略上要解决的最主要的问题，它来源于企业的战略目标或企业年度重点工作计划。完整的关键绩效指标包括指标的编号、名称、定义、设定目的、责任人、数据来源、计算方法、计分方式、考评周期等。按照考评周期，可以把年度关键绩效指标分解为季度指标、月份指标，甚至周、日的层次，并通过关键绩效考评表来追踪目标的完成情况，关键绩效考评表的内容就是关键绩效指标的内容，再加上打分栏。

表 3-9 个人绩效合同

员工姓名		所任职位	销售公司销售代表		合同考核人			
员工编码		所在部门	销售部		合同有效期			
关键业绩指标	权重	简要定义	跟踪频率	数据来源	年度评分标准/分				
					20	40	60	80	100
净销售额	35%	各品类不含税销售额扣除销售减项的目标完成情况,除总额目标外,各品类还有最低销售目标要求	月度	财务部	10万元	20万元	30万元	40万元	50万元
销售费用率	5%	销售系统的人力成本和各种销售管理费用之和/净销售额	月度	财务部管理会计					
应收账款率	15%	平均应收账款额/当期销售净额	月度	财务部管理会计					
客户满意度	10%	经销商和零售商（直接打交道的客户）对销售部的综合满意度调查得分	年度	问卷调查报告					
销售预测准确率	10%	各品类[1－(月度实际销售额－月度计划销售额)/月度计划销售额]×100%的简单算术平均值	月度	财务系统预测报告					
促销活动效果	10%	考核期间该分公司执行的各专项促销活动（实际提高的销售额/计划提高的销售额）的平均值	月度	财务系统市场部					

七、拓展训练

请你以表 3-10 的内容为依据，参照材料 1、材料 2 的资料样式，编制某石化公司生产车间职工工作态度考评标准。要求：将工作态度各个考评指标的内容转化成不同评价等级和评价要素；编制考评计分表。

表 3-10 某生产车间职工工作态度考评项目和重点

考评项目	重点考评内容
积极性	是否经常主动地完成各种业务工作,不用指示或命令,也能主动自发地努力工作,不断改进工作方法
工作热忱	是否在执行业务时,以高度的热忱面对挑战,认真而努力工作,表现出不达目的绝不罢休的态度
责任感	是否能自觉地尽职尽责工作,在执行公务时,无论遇到何种困难都能不屈不挠、永不停止,对自己或下属的工作或行为,应自始至终地表现出负责的态度
纪律性	是否遵守有关规定、惯例、标准或上司的指示,忠于职守,表里如一、有秩序地进行工作

材料1. 某企业职业经理岗位胜任特征模型（见表3-11）

表3-11　某企业职业经理岗位胜任特征模型

胜任特征 \ 等级	A级	B级	C级	D级
战略管理能力	深刻理解企业战略思想，根据企业实际将战略落到实处，并采取相应措施保证战略的实现	理解企业战略，能够就战略思想采取措施，保证战略的实现	知道企业战略，能够就战略思想有意识地调整自己的工作，以促进战略实现	对企业战略不明确，或不了解
团队管理能力				
……				

材料2. 员工与其所在岗位匹配情况的考评（见表3-12）

表3-12　员工与其所在岗位匹配情况的考评

| 序号 | 胜任特征名称 | 等级指标及胜任特征等级分数/分 ||||| 差分 $S=f-g$ |
		A级	B级	C级	D级	满分 g	打分 f	
1	战略管理能力	12	9	5	0	9	9	0
2	团队管理能力	12	8	4	1	12	12	0
3	创新能力	12	9	6	2	9	6	−3
4	自我管理能力	10	8	5	0	8	8	0
5	市场开拓能力	10	8	5	1	8	8	0
6	问题解决能力	10	7	5	2	10	7	−3
7	决策能力	12	10	7	0	12	12	0
8	进取心	10	8	5	2	8	8	0
9	人际交往能力	12	10	7	0	10	10	0
	总计(Σ)					86	80	−6

注：1. $S=0$ 说明匹配度最好；$S>0$ 说明员工胜任特征水平已超过现岗位要求；$S<0$ 说明员工胜任特征不能满足现岗位要求。
2. 涂黑线是员工胜任特征的水平线，是最适合的岗位胜任特征水平，与实际得分比较，差距越近说明匹配度越好。

课后训练题

1. 知识训练题
（1）简述人才选拔的程序和方法。
（2）简述公文筐测试的含义和特点。
（3）简述公文筐测试试题的设计程序。
（4）简述公文筐测试的基本操作程序。
（5）简述公文筐测试的具体操作步骤。
（6）简述化工企业教育培训的主要任务。
（7）简述操作人员培训的主要内容。
（8）简述新操作人员培训的主要内容。

(9) 简述绩效管理的内涵。
(10) 简述绩效管理的作用。
(11) 简述绩效管理系统的定义。
(12) 试述绩效管理系统中三个子系统的主要内容。
(13) 简述关键绩效考评表的内容。

2. 能力训练题

(1) 你对公文筐测试法的应用范围是如何理解的？
(2) 如果你所在的企业用公文筐测试法选拔班组长，你能去参加选拔吗？为什么？
(3) 以蒸馏车间班长身份向车间写一份"招聘操作工的申请书"。
(4) 你对操作人员培训与考核要做到"三个百分之百"是如何理解的？
(5) 调查一个化工企业，了解生产车间操作人员的培训方式，并写一份调查报告。
(6) 你对关键绩效指标是如何理解的？举例说明。
(7) 你对职工工作态度考评指标是如何理解的？举例说明。
(8) 调查一个化工企业，了解生产车间班组关键绩效考评指标的构成，并写一份调查报告。

情境四

化工企业生产管理

任务一 化工企业车间生产作业计划管理

化工企业在制订完生产经营计划后，各生产单位要制订较为详细的实施计划，将生产计划中的生产任务按空间分解到班组、设备和个人，按时间进度把月生产计划细分到日、轮班、小时。生产作业计划就是把企业的生产计划变成具体的日常生产活动。

一、任务介绍

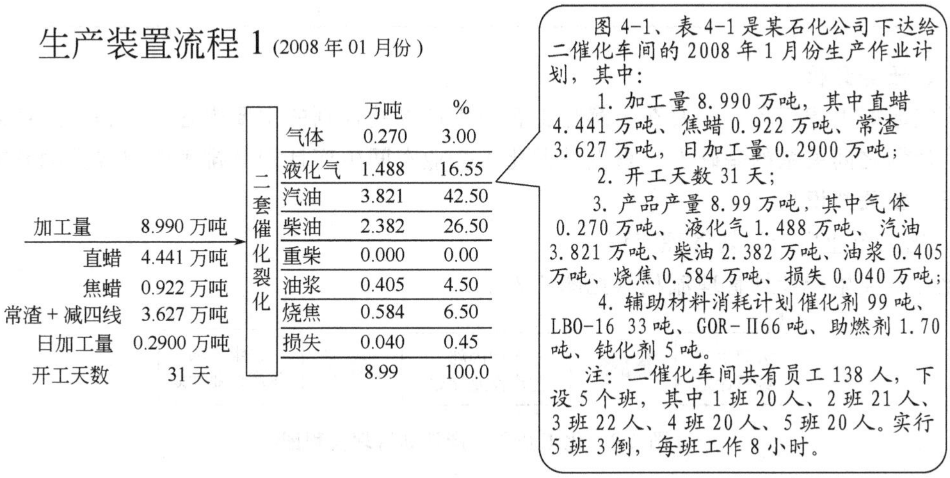

生产装置流程 1 (2008 年 01 月份)

	万吨	%
气体	0.270	3.00
液化气	1.488	16.55
汽油	3.821	42.50
柴油	2.382	26.50
重柴	0.000	0.00
油浆	0.405	4.50
烧焦	0.584	6.50
损失	0.040	0.45
	8.99	100.0

加工量 8.990 万吨
直蜡 4.441 万吨
焦蜡 0.922 万吨
常渣＋减四线 3.627 万吨
日加工量 0.2900 万吨
开工天数 31 天

二套催化裂化

> 图 4-1、表 4-1 是某石化公司下达给二催化车间的 2008 年 1 月份生产作业计划，其中：
> 1. 加工量 8.990 万吨，其中直蜡 4.441 万吨、焦蜡 0.922 万吨、常渣 3.627 万吨，日加工量 0.2900 万吨；
> 2. 开工天数 31 天；
> 3. 产品产量 8.99 万吨，其中气体 0.270 万吨、液化气 1.488 万吨、汽油 3.821 万吨、柴油 2.382 万吨、油浆 0.405 万吨、烧焦 0.584 万吨、损失 0.040 万吨；
> 4. 辅助材料消耗计划 催化剂 99 吨、LBO-16 33 吨、GOR-Ⅱ 66 吨、助燃剂 1.70 吨、钝化剂 5 吨。
> 注：二催化车间共有员工 138 人，下设 5 个班，其中 1 班 20 人、2 班 21 人、3 班 22 人、4 班 20 人、5 班 20 人。实行 5 班 3 倒，每班工作 8 小时。

图 4-1 某石化公司分配给二催化车间的加工量、产量计划

表 4-1 2008 年 1 月份主要化工原材料消耗定额及 2008 年 2 月份采购计划（二催化部分）

单位		三剂名称	计量单位	1月份消耗定额	1月份消耗计划/吨	2月份采购计划/吨	备注
二催化车间	1	催化剂	kg/t	1.2	99.00		
		LBO-16	kg/t	0.4	33.00	30	
		GOR-Ⅱ	kg/t	0.8	66.00	60	
	2	CO 助燃剂 500×10^{-6}	kg/t	0.02	1.70	1	
	3	钝化剂 DM-5005	kg/t	0.06	5.00	5	
	4	钝化剂 JCM-92E	kg/t	0.06			

主要任务：请你根据上述案例和教材中的相关知识，编制二催化车间内部生产计划安排表（见表4-2）。

知识目标：1. 了解化工企业生产经营计划的主要内容；
2. 掌握化工企业车间内部生产作业计划的内容及编制方法。

能力目标：能正确编制车间内部生产计划安排表。

素质目标：完成任务的态度、完成任务的质量、知识应用能力、书面表达能力、语言表达能力、与人合作能力。

表 4-2 二催化车间 2008 年 1 月份生产计划安排（开工天数 31 天）

生产班组	产品名称	产量/万吨	起止时间	原料/万吨	辅助材料/吨	人工
1 班-3 班			1 日 01:00 时～1 日 08:00 时			
			1 日 08:00 时～1 日 17:00 时			
			1 日 17:00 时～2 日 01:00 时			
4 班-1 班			2 日 01:00 时～2 日 08:00 时			
			2 日 08:00 时～2 日 17:00 时			
			2 日 17:00 时～3 日 01:00 时			
……						

二、任务分析

要完成好上述任务，就要在了解化工企业生产经营计划的主要内容，了解生产计划与生产作业计划之间关系的基础上，重点掌握化工企业车间生产计划安排表的内容及编制方法。

三、相关知识

1. 化工企业生产计划管理流程

化工企业生产计划管理流程（见图 4-2）。

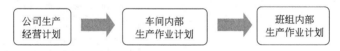

图 4-2 化工企业生产计划管理流程图

（1）公司生产经营计划 见图 4-3。

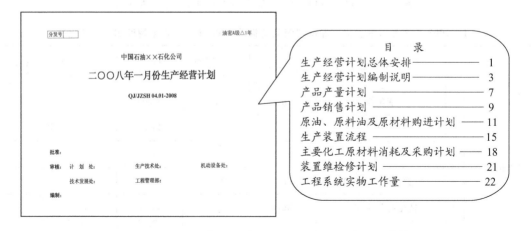

图 4-3 某石化公司 1 月份生产经营计划

说明：

★ 公司生产经营计划包括生产计划（见表4-3）——主要规定计划期内企业拟生产的全部产品品种、产量、完成期限及进度要求。

表4-3 2008年1月份产品产量计划（一）　　　　　　　　单位：万吨

产品名称	产品产量	产品名称	产品产量	产品名称	产品产量
原油加工量	61.00	芳烃合计	0.73	蜡油	29.17
1. 国内原油	50.00	其中：石油苯	0.20	受 电/万千瓦·时	2160
辽河原油	23.00	石油甲苯	0.25	化工添加剂产品合计	2.2200
大庆原油	20.00	石油二甲苯	0.28	化工产品合计	2.0900
海洋原油	7.00	重芳烃	0.13	丁二烯橡胶	0.2800
2. 进口原油	11.00	裂化原料油	0.20	—	—
3. 其它原油	0.00	燃料油合计	2.60	异丙醇	0.8100
汽煤柴合计	43.43	1. 商品减压渣油	1.54	聚丙烯树脂	0.1200
1. 汽油合计	15.81	2. 商品澄清油	0.00	苯乙烯	0.3000
90# 乙醇汽油组分油	1.50	3. 自用燃料油	1.06	乙 苯	—
90#(Ⅱ) 车用汽油	10.06	其中：电站用	0.90	苯乙烯焦油	0.0222
93# 京欧Ⅳ汽油	3.00	工艺炉用	0.16	苯 酐	0.3200
93# 京欧Ⅲ汽油	0.00	—	—	MTBE	0.2600
93#(Ⅱ) 车用汽油	1.00	延迟石油焦	2.47	异丙醚	0.0000
93# 乙醇汽油组分油	0.25	煅烧普通焦	0.68	自产丙烯	1.1828
2. 煤油	1.80	—	—	添加剂产量合计	0.1100
其中：3# 喷气燃料	1.80	液化气生产量	4.37	A-C 脱色剂	0.0015
3. 柴油合计	25.82	液化气商品量	2.37	三异丁基铝	0.0000
0# 轻柴油	19.82	其中：液化气	2.07		
-10# 轻柴油	6.00	液化气（重）	0.30		
-20# 轻柴油	0.00	丙烷商品量	0.28		
来料加工返出柴油	0.00	丙烯商品量	0.37		
溶剂油合计	0.53	原料液化气商品量	0.00		
6 号抽提溶剂油	0.28	干气生产量	2.58		
橡胶工业用溶剂油	0.25	其中：商品干气	0.12		
240 号溶剂油	0.00	电站用	0.20		
210 号溶剂油（混合烷烃）	0.00	自 用	2.26		
另：自用溶剂油	0.00	生产中间原料：重整料	5.53		
		油 浆	1.42		

表4-3是某石化公司2008年1月份的产品产量计划。它是根据装置生产能力、技术能力和产品的销售计划制订的，主要规定公司在1月份原油加工量和拟生产的全部产品名称、产量。

★ 公司生产经营计划包括生产作业计划（见图4-4、表4-4）——在空间上把生产计划中规定的生产任务细分到设备、车间。

（2）车间内部生产作业计划　化工企业车间内部的生产方式是连续流水线式自动化生产，产品品种、生产工艺比较稳定，生产的各道工序都是严格协调、联动工作的，生产速率基本上由管线传送速率所决定，因此对于化工企业车间来说不必编制标准作业计划，只要将全月生产任务按日、按班轮分配即可（见表4-5），也叫排产。

（3）班组内部生产作业计划　由于化工企业的生产特点，生产车间各班的生产任务就是按照不同的岗位（内操、外操、外围岗等）进行操作，保证装置物料平衡、平稳操作、降低消耗。所以对于班组来说，更不必编制标准作业计划，只要有计划地控制燃料、动力、辅助材料消耗，按照工艺流程中岗位操作指南进行操作，保证装置平稳率、馏出口合格率、自控率、产品收率即可。

2. 化工企业车间和班组生产作业计划的编制

（1）车间生产作业计划的内容　化工企业车间生产作业计划的内容一般包括生产单位、

起止时间、产品产量、直接材料数量或成本（原料及主要材料、辅助材料、燃料、动力）、直接人工数量或成本等。

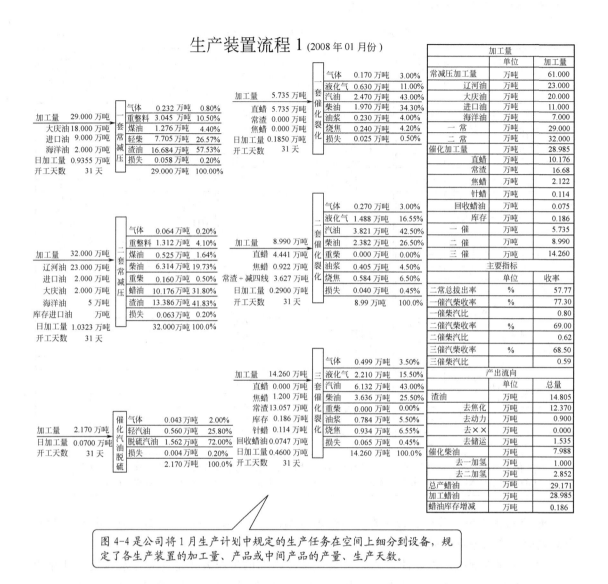

图 4-4 按照生产装置流程安排的生产计划

（2）车间生产作业计划编制方法　化工企业车间班组是依次重复加工产品的关系，车间分配各班组任务时，既要保证车间的产品生产任务按期、按量地完成，又要确保各生产班组之间在生产数量和期限上衔接平衡。

四、任务实施

任务实施可按照任务布置、准备、执行、评价、验收五个阶段进行，具体操作方法参照情景一中的任务实施部分，操作内容应结合本次任务进行。

【再次训练】完成上述任务之后，试试看你能完成"七、拓展训练1"的任务吗？

表 4-4　2008 年 1 月份主要化工原材料消耗定额及 2008 年 2 月份采购计划

单　位			三剂名称	计量单位	1月份消耗定额	1月份消耗计划/吨	2月份采购计划/吨	备注
蒸馏车间	一常	1	缓蚀剂 BZH-1	kg/t	0.01	2.90	3	
		2	破乳剂 NS-31	kg/t	0.022	6.30	6	
		3	颗粒白土	t/月	0.068	17.00	17	
		4	浸酸活性炭	kg/t			7.5	
		5	液氨	kg/t	0.02	5.00	5	
		6	液碱	kg/t	0.08	20.00	20	
		7	瓷球 $\varphi 18\sim 20$	kg/t	0.001	0.20	0.3	
	二常	1	破乳剂 UD-10	kg/t	0.035	11.20	12	
		2	浸酸活性炭	kg/t		7.50		
		3	缓蚀剂 BZH-1	kg/t	0.018	5.80	6.5	
		4	颗粒白土	t/月	0.052	17.00	17	
		5	铜分子筛 13X-Cu	t/月				
		6	柴油稳定剂	l/m³	4.5	150.00	150	
		7	液氨	kg/t	0.019	6.00	6	
		8	液碱	kg/t	0.15	50.00	50	
		9	瓷球 $\varphi 18\sim 20$	kg/t	0.001	0.3	0.3	
一催化车间		1	LRC-99	kg/t	0.9	51.00	50	
		2	CO 助燃剂 500×10^6	kg/t	0.004	0.23	0.23	
		3	钝化剂 DM-5005	kg/t	0.05	2.80	2.8	
二催化车间		1	催化剂	kg/t	1.2	99.00		
			*LBO-16	kg/t	0.4	33.00	30	
			*GOR-Ⅱ	kg/t	0.8	66.00	60	
		2	CO 助燃剂 500×10^6	kg/t	0.02	1.70	1	
		3	钝化剂 DM-5005	kg/t	0.06	5.00	5	
		4	钝化剂 JCM-92E	kg/t	0.06			
三催化车间		1	降烯烃催化剂	kg/t	1.3	183.00		
			*LBO-16	kg/t	0.78	110.00	108	
			*GOR-C	kg/t	0.52	73.00	77	
		2	CO 助燃剂 500×10^{-6}	kg/t	0.0034	0.28	0.27	
		3	增产丙烯助剂 LTB-1	kg/t				
		4	钝化剂 SD-N1	kg/t	0.047	6.75	6.5	
		5	钝化剂 LMP-4					
连续重整		1	二甲基二硫	t/月	0.017			
		2	四氯乙烯	kg/t	0.012	0.60	0.1	
		3	缓蚀剂	t/月	0.4	0.40		
		4	环丁砜	t/月	5.8	8		

表4-4是公司将1月份生产计划中规定的生产任务在空间上细分到车间，规定了各生产车间主要化工原材料(辅助材料)的消耗定额及消耗计划。

表 4-5　二催化车间 2008 年 1 月份生产计划安排表（开工天数 31 天）

生产部门	起止时间	产品名称	产量/万吨	原料/万吨	辅助材料/吨
一班	1 日 01:00 时～ 1 日 08:00 时	气体 液化气 汽油 柴油 油浆 烧焦 损失	0.270 万吨÷31 天×7/24 1.488 万吨÷31 天×7/24 3.821 万吨÷31 天×7/24 2.382 万吨÷31 天×7/24 0.405 万吨÷31 天×7/24 0.584 万吨÷31 天×7/24 0.040 万吨÷31 天×7/24	1 月份加工计划： 直蜡、焦蜡、常渣月加工量 8.990 万吨，日加工量 0.2900 万吨 （计算方法同产量）	1 月份消耗计划： 催化剂　　99 LBO-16　　33 GOR-Ⅱ　　66 助燃剂　　1.70 钝化剂　　5 （计算方法同产量）
二班	1 日 08:00 时～ 1 日 17:00 时	同上	0.270 万吨÷31 天×9/24 1.488 万吨÷31 天×9/24 3.821 万吨÷31 天×9/24 2.382 万吨÷31 天×9/24 0.405 万吨÷31 天×9/24 0.584 万吨÷31 天×9/24 0.040 万吨÷31 天×9/24	同上	同上
三班	1 日 17:00 时～ 2 日 01:00 时	同上	0.270 万吨÷31 天×8/24 1.488 万吨÷31 天×8/24 3.821 万吨÷31 天×8/24 2.382 万吨÷31 天×8/24 0.405 万吨÷31 天×8/24 0.584 万吨÷31 天×8/24 0.040 万吨÷31 天×7/24	同上	同上
……					

注：二催化车间 5 班 3 倒，车间每日的产出量要根据需要和可能的情况来决定。

五、任务评价

任务完成情况的考核评分与情景一中的任务评价部分相同，以此为标准进行评价。

六、归纳总结

生产经营计划是化工企业在一定时期内对企业的生产经营活动的总体安排，包括了生产计划和生产作业计划。其中，生产作业计划是生产计划的具体执行计划，它规定了各车间每月的生产作业计划任务。而车间内部生产作业计划是要将车间全月生产任务进行排产，按日轮分给班组。由于化工企业生产的特点，车间内部生产作业计划只要求编制月排产表即可，不必编制标准化生产作业计划。而班组内部生产作业计划是要求员工按照操作指南进行平稳操作，保证装置物料平衡、降低消耗、稳定生产，保证产品及半成品的质量。

七、拓展训练

1. 请你根据下面案例编制蒸馏车间内部 1 月份一常装置生产计划安排表（说明：蒸馏车间共有一常、二常两套生产装置，员工 127 人，下设 5 个班，其中 1 班 20 人、2 班 21 人、3 班 19 人、4 班 21 人、5 班 20 人。实行 5 班 3 倒）。

【案例】　某石化公司 2008 年 1 月份生产计划安排

生产装置流程 1 (2008 年 01 月份)

加工量 29.000 万吨	一套常减压	气体	0.232 万吨	0.80%
大庆油 18.000 万吨		重整料	3.045 万吨	10.50%
进口油 9.000 万吨		煤油	1.276 万吨	4.40%
海洋油 2.000 万吨		轻柴	7.705 万吨	26.57%
日加工量 0.9355 万吨		渣油	16.684 万吨	57.53%
开工天数 31 天		损失	0.058 万吨	0.20%
			29.000 万吨	100.0%

图 4-5 公司分配给一常装置的加工量、产量

- 一套常减压加工量、产量（见图 4-5）

一套常减压：加工量 29.000 万吨，其中大庆油 18.000 万吨、进口油 9.000 万吨、海洋油 2.000 万吨，日加工量 0.9355 万吨，开工天数 31 天。联产品产量 29.000 万吨：气体 0.232 万吨、重整料 3.045 万吨、煤油 1.276 万吨、轻柴 7.705 万吨、渣油 16.684 万吨、损失 0.058 万吨。

- 一套常减压辅助材料消耗计划（见表 4-6）

缓蚀剂 BZH-1 2.90 吨、破乳剂 NS-31 6.30 吨、颗粒白土 17 吨、液氨 5 吨、液碱 20 吨、瓷球 0.20 吨。

表 4-6 2008 年 1 月份主要化工原材料消耗定额及 2008 年 2 月份采购计划（蒸馏一常部分）

单 位			三剂名称	计量单位	1月份消耗定额	1月份消耗计划/吨	2月份采购计划/吨	备注
蒸馏车间	一常	1	缓蚀剂 BZH-1	kg/t	0.01	2.90	3	
		2	破乳剂 NS-31	kg/t	0.022	6.30	6	
		3	颗粒白土	t/月	0.068	17.00	17	
		4	浸酸活性炭	kg/t			7.5	
		5	液氨	kg/t	0.02	5.00	5	
		6	液碱	kg/t	0.08	20.00	20	
		7	瓷球 $\phi 18 \sim 20$	kg/t	0.001	0.20	0.3	

2. 请你以班长身份，根据下面案例制定本班相应管理办法，征得员工同意后报车间备案。

【案例】 蒸馏车间交接班日记、操作记录管理办法

- 接班岗位人员应提前 10 分钟到达岗位，做好本岗位工序的预检工作，并按要求劳保着装，发现问题及时与上班人员交涉并妥善解决好。
- 交接班人员将班中情况交代清楚，不给下班留隐患。
- 交接班实行双人现场交接，确认无问题后接班人员在交接班日记上签字。
- 接班人员发现的问题由交班人员负责处理，如果问题比较严重及时向车间汇报，车间协助处理，视问题程度扣交班人员 2~5 分。
- 接班时没发现的问题由接班人员负责。

- 交接班期间发现的问题如有纠纷,以交接班日记是否签字为根据,没签字由交班人员负责,签字后由接班人员负责。
- 日记书写工整,项目齐全,真实反映接班、班中、交班的实际情况。
- 操作记录要及时、准确、具有真实性,反映出操作条件的变化。
- 车间发现假记录,扣2分;不按时记录每次扣2分。
- 日记、操作记录一律用仿宋体书写,车间每天打分一次。

任务二 化工企业生产装置操作规程管理

操作规程管理的目的是提高操作规程的科学性和可操作性,推进生产操作受控,促进安全生产。进行操作规程模拟操作的目的是提高员工的岗位技能和安全意识,建立"有操作就有规程"的良好操作氛围。

一、任务介绍

图4-6是二套常减压装置操作规程,其中第三章是开工规程,3.5的具体内容如下。

说明:"M"表示班长,"( )"表示对某项操作的确认。

3.5 开工操作(B级)

1. 开工检查

班长岗

(M)—确认大修改造及检修项目全部完成,质量良好,符合设计条件,满足开工要求。

(M)—确认协调各岗工作,做好对外联系,确认辅助系统:水、电、气、风流程符合生产要求。

(M)—确认各岗工艺管线连接正确。

(M)—确认开工用具、阀门扳手、润滑油料、劳保用品准备齐全。

图4-6 二套常减压装置操作规程

(M)—确认消防、气防器材齐全好用并摆放整齐,消防蒸汽正常,排水畅通,确认仪表系统处于完好状态。

(M)—确认开工临时线安装完毕,具备使用条件。

(M)—确认按盲板方案抽插盲板。

(M)—确认监视器、定点对讲系统、各岗电话完好。

(M)—确认准备好各岗位操作记录、交接班日记。

(M)—确认装置开工方案、盲板方案、开工网络图、扫线流程图上墙,责任分工明确。

(M)—确认全装置大清扫,下水井畅通。

(M)—确认接地符合要求。

(M)—确认装置照明正常。

(M)—确认联锁自保系统校验合格。

(M)—确认电气设备完好备用。

> **主要任务**：两人一组，其中一人模拟蒸馏车间某班班长，根据上述案例和教材中的相关知识，进行开工检查模拟操作。要求严格按照操作步骤执行操作。另一人模拟运转工程师，负责监督并填写岗位操作程序检查卡（见表4-7）。
> **知识目标**：1. 了解工艺规程管理和操作规程管理职责；
> 　　　　　　2. 熟悉操作规程的内容和生产装置操作卡的主要形式；
> 　　　　　　3. 掌握操作规程的执行知识。
> **能力目标**：能根据操作规程的不同内容进行各种具体的模拟操作。
> **素质目标**：完成任务的态度、完成任务的质量、知识应用能力、书面表达能力、语言表达能力、与人合作能力。

二、任务分析

要完成好上述任务，就要在了解工艺规程管理和操作规程管理职责、熟悉操作规程内容和操作卡的主要形式的基础上，重点掌握操作规程的执行内容。

三、相关知识

1. 工艺规程管理

表4-7　开工检查岗位操作程序检查卡（班长岗）

执行人	执行项目	执行标准	执行情况（完成"√"，未完成"×"）
班长	确认大修改造及检修项目进度、质量	大修改造及检修项目全部完成,质量良好,符合设计条件,满足开工要求	
	确认辅助系统	协调各岗工作,做好对外联系,辅助系统:水、电、气、风流程符合生产要求	
	确认各岗工艺管线	各岗工艺管线连接正确	
	确认开工用具等	开工用具、阀门扳手、润滑油料、劳保用品准备齐全	
	确认消防器材	消防、气防器材齐全好用并摆放整齐,消防蒸汽正常,排水畅通,仪表系统处于完好状态	
	确认临时线安装	开工临时线安装完毕,具备使用条件	
	确认抽插盲板	按盲板方案抽插盲板	
	确认监视器等	监视器、定点对讲系统、各岗电话完好	
	确认岗位操作记录等	准备好各岗位操作记录、交接班日记	
	确认开工方案等	装置开工方案、盲板方案、开工网络图、扫线流程图上墙,责任分工明确	
	确认装置大清扫等	全装置大清扫,下水井畅通	
	确认接地	接地符合要求	
	确认装置照明	装置照明正常	
	确认联锁自保系统	联锁自保系统校验合格	
	确认电气设备	电气设备完好备用	

监督人：　　　　　　　　　　　　　　　　时间：　　年　　月　　日

工艺规程是一个总称，它是反映工艺过程的文件，是组织生产的基础资料。它包括：产品及其各个部分的制造方法与顺序，设备的选择，工艺装备的确定，产品加工的技术条件等。

工艺规程的主要形式有：工艺路线卡、工艺卡、工序卡及工艺守则。此外还有检查卡、调整卡等辅助性文件形式。

（1）工艺路线卡　它是按产品的每个零件编制的；它规定这一零件在整个制造过程中所要经过的厂内各工种的工艺路线，列出这种零件经过的车间、小组，各道工序的名称、使用的设备和工艺装备等。

（2）工艺卡　它是按每一零件的每一工艺阶段编制的一种路线工艺；它规定着加工对象在制造过程中在一个工艺阶段内所经过的各道工序，以及各道工序的加工方法。

（3）工序卡　它是按照产品或者零件的每道工序编制的工艺规程；规定着这一道工序的详细操作方法、技术要求和注意事项等。操作人员和各级指挥人员均需严格执行。其内容包括：

① 原材料质量指标。
② 各工序中间产品。
③ 各工序主要操作条件。
④ 成品质量指标。
⑤ 主要原材料消耗定额。
⑥ 动力供应指标。
⑦ 记录。

（4）工艺守则　也就是操作规程，它规定了操作要领和基本的注意事项（操作规程的内容参见"3. 操作规程的内容和修订"部分）。

2. 操作规程管理职责

（1）公司主管副总经理是负责操作规程编制与管理工作的主要领导，负责组织操作规程制（修）订、审批与发布。

（2）生产技术处是操作规程的归口管理部门，负责组织操作规程制（修）订、审核、上报与发布，负责操作规程内容、格式、标准和进度要求等的确定。

（3）机动设备处、安全环保处等部门负责组织操作规程相关专业内容的制（修）订，并进行专业审核。

（4）车间（分厂）负责操作规程的制（修）订、审核、上报、执行及日常管理。

3. 操作规程的内容和修订

（1）操作规程的内容　操作规程包括工艺技术规程、操作指南、开停工规程、基础操作规程、事故处理预案等章节。案例如下。

【案例】　蒸馏车间二常装置操作规程目录

第1章　工艺技术规程

1.1　装置概况

1.2　工艺指标

1.3　原材料消耗、公用工程消耗及能耗指标

第2章　操作指南

2.1　常压岗位操作指南

2.2　减压岗位操作指南

2.3　加热炉岗位操作指南

2.4　减黏岗位操作指南

2.5　司泵岗位操作指南

2.6　电脱盐岗位操作指南

2.7　三号航煤岗

2.8　非正常操作指南

第3章　开工规程

3.1　开工要求及安全注意事项

3.2　开工准备

3.3　开工统筹图

3.4　开工纲要（A级）

3.5　开工操作（B级）

3.6　开工说明（C级）

3.7　减黏装置开工纲要（A级）

3.8　减黏装置开工操作（B级）

3.9　减黏装置开工说明（C级）

3.10　开工盲板方案

第4章　停工规程

4.1　停工要求及安全注意事项

4.2　停工准备

4.3　停工统筹图

4.4　停工纲要（A级）

4.5　停工操作（B级）

4.6　停工盲板方案

第5章　专用设备操作规程

5.1　汽抽子操作法

5.2　自启动离心泵操作法（封油泵）

第6章　基础操作规程

6.1　加热炉操作法

6.2　换热器操作法

6.3　加热炉风机操作法

6.4　蒸发器操作法

6.5　控制阀、齿轮表操作法

6.6　甩减压操作法

6.7　甩减黏操作法（B级）

6.8　减黏并入常减压装置操作法（B级）

6.9　电脱盐退油操作法

6.10　电脱盐罐装油操作法

6.11　航煤罐投用操作法（B级）

6.12　瓦斯脱水操作法（B级）

6.13　瓦斯去加热炉操作法（B级）

6.14 冷却器操作法（B级）

6.15 冷却水箱操作法

6.16 空冷器操作法

6.17 离心泵操作法

6.18 柱塞泵（隔膜泵、计量泵、电动往复泵）操作法

第7章 事故预案

7.1 生产工艺简述

7.2 生产工艺类型及工艺过程危险性

7.3 本装置及同类装置安全环保事故案例

7.4 监控网络、责任和防范措施

7.5 生产事故应急防范及异常处理

7.6 环保事故应急防范及异常处理

7.7 毒点、尘点治理防范措施

第8章 操作规定

8.1 定期工作规定

8.2 操作规定

第9章 仪表控制系统操作法

9.1 系统中的基本概念

9.2 操作员键盘

9.3 操作界面

9.4 报警管理

第10章 安全生产及环境保护

10.1 安全知识

10.2 安全规定

10.3 安全检查制度

10.4 防冻防凝措施

第11章 附录

11.1 装置设备明细表

11.2 装置主要设备结构图

11.3 装置平面布置图装置给排水平面示意图

11.4 可燃气体和硫化氢报警布置图危险点分布图

11.5 装置安全生产保证体系图

11.6 安全阀规格及定压值

11.7 装置开停工盲板图

11.8 装置开停工扫线流程图

11.9 工艺自控流程图

11.10 常用基础数据

说明

★ 1.2 工艺指标

包括原料指标，半成品、成品指标，公用工程指标，主要操作条件，原材料消耗、公用

工程消耗及能耗指标,污染物产生、排放控制指标。

上述工艺指标的内容也是工艺卡片的内容,实际执行中如与工艺卡片不同,执行工艺卡片。工艺卡片主要内容包括主要设备的操作条件、主要技术指标、公用工程指标、原材料质量指标、消耗指标、环保监控指标、中间产品和成品质量指标等(见表4-8);工艺卡片审批由编制小组向车间(装置)主任提交操作规程正式文稿,车间(装置)主任组织装置级审查并签字后,经公司生产技术管理部门审核,质量管理、机动设备、安全环保等相关部门会签,报公司主管领导批准后方可生效执行。

★ 第3章开工规程、第4章停工规程分三级编写

A级是规程的纲要,规定了规程的主要操作顺序和状态,对所有稳定状态及该状态下的操作目标进行详细规划,主要用于统筹各个岗位或系统的操作。

B级描述详细操作过程,不同状态的过渡和各种具体的操作动作。包括初始状态卡、稳定状态卡、最终状态卡,操作目标以及目标下全部具体操作动作。B级操作步骤的编号与A级对应一致。

C级是要点和说明,主要针对操作动作进行解释,为使用操作规程的人员提供必要的说明,包括安全、设备、工艺流程图表等。C级编号与B级对应一致。

A级、B级、C级编写内容简述如下,以某石化公司二套常减压装置开工规程为例。

表4-8 某石化公司苯乙烯装置工艺卡片

一 主要操作条件									二 主要技术经济指标			七 中间产品和成品质量指标		
项目	单位	指标	项目	单位	指标	项目	单位	指标				名称	项目	指标
									三 公用工程指标					
								项目	单位	指标	工业乙苯		
									四 原材料质量指标				名称		
						名称	项目	单位	指标	工业苯乙烯		
												八 工艺卡片变动卡		
									五 消耗指标						
									六 环保监控指标						

审批: 车间技术负责人　车间设备副主任　车间安全监督　车间主任　安全环保处　机动设备处　质量管理处　生产技术处　公司副总经理

【案例】 第3章 开工规程

3.4 开工纲要(A级)

> 初始状态 S_0
> 施工验收完毕,交付开工检查

1. 开工检查

1.1 班长岗：
确认开工准备全部到位
做好系统联系工作
消防、气防器材齐全，方案齐全
1.2 常压岗：
确认工艺管线连接正确
设备、仪表、安全附件完好备用
1.3 减压岗（略）
……
3.5 开工操作（B级）
1. 开工检查
1.1 班长岗（见"一、任务介绍"部分）
1.2 常压岗（见"七、拓展训练1"的案例）
1.3 减压岗（略）
……
3.6 开工说明（C级）
1. 吹扫、贯通的标准
2. 吹扫、试压的方法、原则及注意事项
……

（2）操作规程的修订　操作规程是科学技术和生产经验的总结。但是随着生产的发展和科技的进步，经验的积累和技术措施的实行，以及市场对产品质量要求的变化，它需要不断补充和修订。

为了保证操作规程既能保持先进技术水平，又能保证相对稳定性，化工企业要求定期修改操作规程。每年评审一次，确认操作规程的修改和补充完善的内容，每五年全面修订一次。如某石化公司二套常减压操作规程修订本（见图4-7）。

操作规程执行过程中需要修改时，必须由车间（装置）主任签字确认。修改内容记录在操作规程对开的空白页上，并标上对应的操作序号。

开停工、事故处理预案、单体设备等单项操作规程使用一次后，须将修改内容补充完善到操作规程正本中。

图4-7　二套常减压操作规程（修订本）

新改扩建装置首先编制操作规程（试行）版，试用一年后，更新为正式操作规程。

4. 生产装置操作卡的主要形式
生产装置操作卡的主要形式如下：
① 操作规程（合订本）；
② 开工规程、停工规程、单体设备操作卡等单项操作规程；

③ 临时操作规定等。

正常生产中，装置操作室除在固定位置摆放操作规程合订本以外，必须以活页形式准备好履行完成审批手续的单行本操作规程，并且按岗位分工分别装订，以不同颜色的文件夹加以区分。单行本操作规程包括装置开工规程、装置停工规程、单体设备投（停）用和切换、事故处理预案、装置紧急停工规程等。操作规程中的量化指标必须在操作指南、操作步骤、状态确认等方面与工艺卡片紧密结合，并在单项操作规程单独列出工艺指标的控制范围。

5. 操作规程的执行

【案例】 大庆燃气启用固定场所岗位操作卡（http://www.cworksafety.com 2009-01-22 中国石油报）

记者日前在大庆燃气公司看到，每个固定场所员工上岗前都手持一卡，严格按照岗位操作卡进行操作，这张卡深受干部员工欢迎，员工们说："操作卡真是工作的好帮手。"

这个公司结合实际，本着"简单、明了、适用、可操作"的原则，根据生产实际编制了243个固定场所岗位操作卡。岗位操作卡分为一般操作卡和关键操作卡。由五部分组成，即：风险提示、应急处置、检查和准备、操作及备注。经专家审核，最终确定了98个固定场所岗位操作卡，其中关键操作卡23个，一般操作卡75个。

岗位操作卡是基层现场使用的HSE简化文件和提示工具，是对HSE作业指导书的支持和补充。岗位操作卡起到了指导规范工作和安全操作的作用，提升了岗位员工的操作技能和安全素质，确保基层HSE管理体系的持续有效运行，为实现个人无违章、岗位无隐患、班组无异常、公司无事故奠定了坚实有力的基础保障。

① 操作规程由生产班组执行。操作人员执行具体操作前，由车间（装置）技术人员准备好完成审批手续的岗位操作卡片。

② 班长下达操作指令，运转工程师监督操作规程的执行，遇有问题及时向监督指导责任人汇报。

③ 操作过程中，内操指挥外操严格按照操作步骤执行操作，外操执行完成的操作必须汇报给内操，由内操在卡片上做出标记，标记符号为"√"或签字。做到操作有监控，步步有确认。

④ 使用后的操作卡由车间（装置）收回，按记录或"失效"文件处理。

⑤ 操作工人对本岗位的工艺指标和操作规程应熟记，并严格执行。新工人顶岗，操作人员换岗，必须经过考试，合格后方能进行操作。

四、任务实施

任务实施可按照任务布置、准备、执行、评价、验收五个阶段进行，具体操作方法参照情景一中的任务实施部分，操作内容应结合本次任务进行。

【再次训练】完成上述任务之后，试试看你能完成"七、拓展训练1"的任务吗？

五、任务评价

任务完成情况的考核评分与情景一中的任务评价部分相同，以此为标准进行评价。

六、归纳总结

操作规程是工艺规程的主要形式之一。生产装置操作规程包括工艺技术规程、操作指南、开工规程、停工规程、专用设备操作规程、基础操作规程、事故预案、操作规定、安全生产及环境保护、附录等。操作规程由生产班组执行，在操作规程执行过程中，一般实行单体设备操作卡，由班长下达操作指令，运转工程师监督操作规程的执行，内操指挥外操严格按照操作步骤执行操作,要做到操作有监控,步步有确认。操作工人对本岗位的工艺指标和操作规程应熟记,并严格执行。本次任务模拟操作的内容是操作规程中开工操作(B级)中的内容,要求模拟班长在开工检查时的各种具体的操作动作,实施过程中要参照上述内容并按具体要求执行。

七、拓展训练

1. 三人一组,其中两人模拟蒸馏车间常压岗操作工(内操和外操),根据下面案例进行开工检查(B级)模拟操作,要严格按照操作步骤执行操作(说明:外操执行完毕向内操汇报,并由内操在操作程序检查卡片上做出标记)。另一人模拟运转工程师,负责监督岗位操作程序检查卡(见表4-9)的填写。

表4-9 开工检查岗位操作程序检查卡(常压岗)

执行人	执行项目	执行标准	执行情况(完成"√",未完成"×")
常压岗	确认电脱盐罐及附属设施	电脱盐罐及附属的压力表、法兰、管线符合开工要求	
	确认常压塔及附属设施	常压塔及附属的压力表、法兰、管线、安全阀符合开工要求	
	确认初馏塔及附属设施	初馏塔及附属的压力表、法兰、管线、安全阀符合开工要求	
	确认初馏塔和常压塔的回流罐及附属设施	初馏塔和常压塔的回流罐及附属的压力表、法兰、管线符合开工要求	
	确认低压瓦斯罐及附属设施	低压瓦斯罐及附属的压力表、法兰、管线符合开工要求	
	确认电脱盐罐	电脱盐罐空载试运合格	
	确认蒸顶油气系统设备设施	蒸顶油气系统流程中的冷却器、空冷、管线、阀门、法兰、垫片符合标准	
	确认常顶油气系统设备设施	常顶油气系统流程中的冷却器、空冷、管线、阀门、法兰、垫片符合标准	
	确认常一线系统设备设施	常一线系统流程中的换热器、管线、阀门、法兰、垫片符合标准	
	确认常二线系统设备设施	常二线系统流程中的换热器、管线、阀门、法兰、垫片符合标准	
	确认常三线系统设备设施	常三线系统流程中的换热器、管线、阀门、法兰、垫片符合标准	
	确认常顶循环系统设备设施	常顶循环系统流程中的换热器、管线、阀门、法兰、垫片符合标准	
	确认常一中系统设备设施	常一中系统流程中的换热器、管线、阀门、法兰、垫片符合标准	
	确认常二中系统设备设施	常二中系统流程中的换热器、管线、阀门、法兰、垫片符合标准	
	确认原油系统设备设施	原油系统流程中的换热器、管线、阀门、法兰、垫片符合标准	
	确认拔头油系统设备设施	拔头油系统流程中的换热器、管线、阀门、法兰、垫片符合标准	
	确认电脱盐仪表	电脱盐仪表投用正常,指示正确,控制阀正常	
	确认常压系统仪表	常压系统仪表投用正常,指示正确,控制阀正常	

监督人: 时间: 年 月 日

【案例】 常压岗

(P)—确认电脱盐罐及附属的压力表、法兰、管线符合开工要求
(P)—确认常压塔及附属的压力表、法兰、管线、安全阀符合开工要求
(P)—确认初馏塔及附属的压力表、法兰、管线、安全阀符合开工要求
(P)—确认初馏塔和常压塔的回流罐及附属的压力表、法兰、管线符合开工要求
(P)—确认低压瓦斯罐及附属的压力表、法兰、管线符合开工要求
(P)—确认电脱盐罐空载试运合格
(P)—确认蒸顶油气系统流程中的冷却器、空冷、管线、阀门、法兰、垫片符合标准
(P)—确认常顶油气系统流程中的冷却器、空冷、管线、阀门、法兰、垫片符合标准
(P)—确认常一线系统流程中的换热器、管线、阀门、法兰、垫片符合标准
(P)—确认常二线系统流程中的换热器、管线、阀门、法兰、垫片符合标准
(P)—确认常三线系统流程中的换热器、管线、阀门、法兰、垫片符合标准
(P)—确认常顶循环系统流程中的换热器、管线、阀门、法兰、垫片符合标准
(P)—确认常一中系统流程中的换热器、管线、阀门、法兰、垫片符合标准
(P)—确认常二中系统流程中的换热器、管线、阀门、法兰、垫片符合标准
(P)—确认原油系统流程中的换热器、管线、阀门、法兰、垫片符合标准
(P)—确认拔头油系统流程中的换热器、管线、阀门、法兰、垫片符合标准
(I)—确认电脱盐仪表投用正常，指示正确，控制阀正常
(I)—确认常压系统仪表投用正常，指示正确，控制阀正常

说明："I"代表内操，"P"代表外操，"（ ）"表示对某项操作的确认

2. 请你以班长身份，根据以下案例制定本班相应管理办法，征得员工同意后报车间备案。

【案例】 蒸馏车间生产、工艺管理制度

以下各项紧急情况除外。

紧急情况：为保证装置安全生产，在保证人员安全第一的前提下，部分突发事件可先进行紧急操作后再执行程序卡或记录的填写，装置紧急停工、换热器泄漏紧急切除、机泵故障紧急停车等造成的生产波动在设备现场处理结束4小时后进行考核。

一、生产管理考核制度

1. 严格执行工艺和操作规程的要求，保证生产的平稳运行，如有波动要及时调节。如未及时调节，给产品质量、收率带来影响的，视情节扣班组5~50分。具体情况包括以下情况。

（1）当班过程中汽、航煤、柴油变黑

- 回流罐变黑，出装置处未变黑，扣常压一操5分、常压外操3分。
- 出装置变黑，入精制罐前变黑，扣常压一操10分、常压外操5分。
- 精制罐污染，精制出装置前未变黑，扣常压一操30分、常压外操15分、精制一操5分、精制外操3分。
- 精制出装置变黑，××罐前未污染，扣常压一操50分、常压外操25分、精制一操25分、精制外操15分。

● ××罐区污染,扣除两班班长、常压一操、常压外操两个月奖金;扣除精制一操、精制外操当月奖金。

(2) 接班时未发现产品质量污染、冻凝等(产品质量交接班考核按照质量考核办法执行)由接班班组负责,并按照以上条款考核。

2. 生产方案、原料性质、操作方式等各项在生产变动时,必须有厂调度室及车间生产主任下达的指令方可进行。变动时,在交接班日记上认真交待,并向调度反馈。

(1) 由于交代不清,未引起生产波动的,扣除班长5分(当天交接班日记中此项不重复考核)。

(2) 由于交代不清,引起生产波动但未造成设备停车或切除的由变动班组负责,扣除班长20分。

(3) 经核实由于交代不清,引起生产波动,造成如下设备停车的由变动班组负责,扣除班长40分,相关岗位30分。主要设备包括:B-701、702、703、236、135、713、234;H-712、713、720、721、722。

(4) 交代清楚但接班班组未发现的由接班班组负责,按照以上条款的2倍进行考核。

3. 工艺设备、仪表、电器等出现故障时,要及时处理,对直接影响生产的关键设备,要及时向主管领导及公司调度室汇报,对不汇报的扣班组20分;人为扩大生产设备事故的扣班组50分。对未检修完或不能及时检修的,日记要明确交代,否则,视情节扣班组10分。

4. 生产条件出现异常,生产波动较大时,要及时汇报公司调度室及车间主管领导,否则扣班组1~5分。

5. 冬季生产管线冻凝按照防冻方案考核。

6. 流量、液面持续升高或下降30分钟并超工艺卡片而不进行调节的,扣岗位内操10分。

7. 仪表失灵不过夜、不交班,如仪表无法处理需要向车间或车间值班交代清楚,并在交接班日记中做好交代。违反一次扣5分。

二、工艺指标考核制度

在生产操作中要严格执行操作程序卡和工艺卡片,车间主管人员每天巡检。

1. 发现一次违反工艺卡片扣2分。

2. 发现一次不按时记录或与实际不符合扣2分。

3. 由于调节不及时造成生产波动的扣5分。

4. 班中发生事情,日记中不交待或交代不清扣5分。

5. 交接班日记中出现一个"3分"扣1分;一个"2分"扣2分。

6. 仪表记录纸和交接班日记不签字扣2分。

三、操作程序卡考核制度

1. 一次不按规定执行操作程序卡,未造成后果的扣10分。

2. 一次不按规定执行操作程序卡,造成生产波动的扣25分。

3. 操作程序卡执行不认真(不签字、不画钩、不写年月日等)扣3分。

4. 不执行操作程序卡中的内容扣5分。

5. 事后填写操作程序卡视无票处理，扣 25 分。
6. 工艺技术考核结果与年终晋级、涨工资及其他奖惩挂钩。

任务三　化工企业生产现场 5S 管理

5S 起源于日本，是指在生产现场对人员、机器、材料、方法、环境等生产要素进行有效管理，这是日本企业独特的一种管理办法，现已在世界受到广泛的重视和推广应用。

一、任务介绍

主要任务：2 人一组，其中 1 人模拟 5S 小组组长，在教室选定某一座位（视为生产岗位操作区），作为整理的场所。完成上述整理——"红牌"作战任务。要求：按照要和不要的基准进行，经小组讨论后一起下"红牌"。

知识目标：1. 了解 5S 的含义和 5S 之间的关系；
2. 掌握推行 5S 的工具和基本方法。

能力目标：能利用 5S 的管理工具进行管理。

素质目标：完成任务的态度、完成任务的质量、知识应用能力、书面表达能力、语言表达能力、与人合作能力。

二、任务分析

要完成好上述任务，就要在了解 5S 的含义和 5S 之间关系的基础上，重点掌握推行 5S 的工具和基本方法。

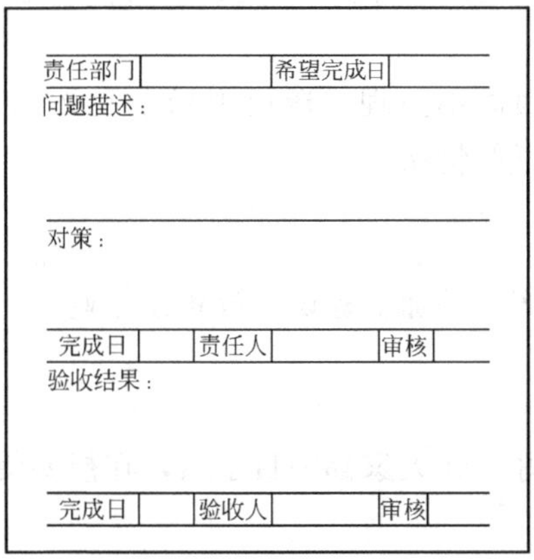

图 4-8 是"红牌"样本，它是 5S 管理常用的方法。凡目前不用而需要清理的，就地张贴"红牌"进行警告，限时纠正。一般的做法是在车间现场选定某一区域，作为整理的场所。被指定为 5S 小组的成员到现场去，将"红牌"挂在他们认为不需要的物品上。"红牌"的张数越多、越大则越好。当无法清楚判定某一特定物品是需要或不需要时，仍将"红牌"挂上。员工必须提供所需此物的原因，否则，任何挂上"红牌"之物，均需移出现场。没有任何理由需留置于现场的物品、未来没有明显需用的物品，以及没有实质价值的物品，都需予以丢弃。在未来的 30 天用不着，但可能在未来的一段时日内用得上的物品，则放置于适当的地点，如放置仓库内。

图 4-8　某班组"红牌"样本（红色）

三、相关知识

1. 5S 的含义

5S 最早起源于日本，是日本企业独特的一种管理方法，主要是对现场各生产要素（主要是指物的要素）所处状态，不断进行整理（Seiri）、整顿（Seiton）、清扫（Seiso）、清洁（Setketsu）、提高修养（Shitsuke）等活动，因五个项目的单词前面都是以"S"开头，所以统称"5S"。

(1) 整理

就是将现场的各种物品区分为必要和不必要两类,必要的留下来,不必要的物品从工作现场彻底清除、废弃或放置在别处保管

① 需要和不要的基准　见表 4-10。

表 4-10　需要和不要的基准

类别		基　准　分　类
要		1. 在用的机器设备、电气装置;2. 工作台、材料架、板凳;3. 使用的工装、模具、夹具等;4. 原材料、半成品、成品等;5. 栈板、周转箱、防尘用具;6. 办公用品、文具等;7. 使用中的看板、海报等;8. 各种清洁工具、用品等;9. 文件和资料、图纸、表单、记录、档案等;10. 作业指导书、作业标准书、检验用的样品等
不要	1. 地板上	①杂物、灰尘、纸屑、油污等;②不再使用的工装、模具、夹具等;③不再使用的办公用品;④破烂的垃圾筒、周转箱、纸箱等;⑤呆滞物料等
	2. 工作台	①过时的报表、资料;②损坏的工具、样品等;③多余的材料等;④私人用品
	3. 墙上	①蜘蛛网;②老旧无用的标准书;③老旧的海报标语等
	4. 空中	①不再使用的各种挂具;②无用的各种管线;③无效的标牌、指示牌等

公司制定"要"和"不要"的基准表,并召集相关部门开会讨论和决议基准表,同时反省不要产生的根源。一个概略的判定原则,是将未来 30 天内,用不着的任何东西都可移出现场。

② 整理的典型问题　5S 活动中的整理工作比较难,要克服一种舍不得丢弃而实际又用不上的吝惜观念。要有物品鉴别整理的能力首先要有丢弃的眼光和智慧。整理时常见的典型问题如下。

a. 主要表现:不用的杂物、设备、材料、工具都堆放在仓库,使仓库变成杂物存放地;货架大小不一,物品摆放不整齐。

b. 检查中常见问题:虽然现在不用,但以后要用,因而不整理,造成现场杂乱无章;大件的物品,由于难以整理,形成惰性习惯;个别员工的抵触情绪。

(2) 整顿

对必要的物品分门别类,按照规定的位置,摆放整齐,并加上标识,放置在作业时方便使用的地方进行标准化管理

整顿不是陈列,是要把有用的东西以最简便的方式放好,让大家都一目了然,在想要使用时可以随时取得。

【案例】 操作标准规则整顿的推行

• 标准的现物标志（见图 4-9）

现物上如有标志,即不必每次对照标准书,谁都可以知道正常与否。

• 放在操作场所

要放在让操作人员自然可以看得到的地方（如放在机器上）;点检表之类,亦须准备在机器上;如以一定顺路点检者,须准备于出发点。

• 集中保管时须采用连贯记号

品种有不同的操作指导书或图片之类,须放在卡片箱中并准备连贯记号（见图 4-10）。

图 4-9　标准的现物标志

图 4-10　操作标准集中保管

① 整顿三要素

a. 放置场所

ⅰ. 物品的放置场所原则上要 100% 设定（见表 4-11）；

ⅱ. 物品的保管要定点、定容、定量；

ⅲ. 生产线附近只能放真正需要的物品。

表 4-11　保管场所确定

	建议场所	使用频率	处理方法
不用	全年一次也未用	废弃 特别处理	待处理区
少用	平均 2 个月～1 年用一次	分类管理	集中场所（工具室/仓库）
普通	1～2 个月使用一次或以上	置于车间内	各摆放区
常用	1 周使用数次 1 日使用数次 每小时都使用	工作区内 随手可得	如机台旁、流水线旁、个人工具箱

b. 放置方法。

ⅰ. 易取（见图 4-11）；

ⅱ. 不超出所规定的范围。

c. 标识方法

ⅰ. 放置场所和物品原则上一对一表示；

ⅱ. 现物的表示和放置场所的表示；

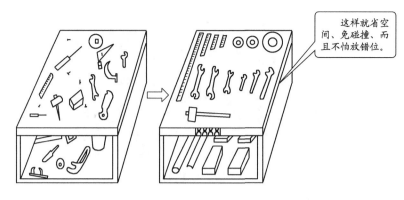

图 4-11 工具的保管

ⅲ. 某些表示方法全公司要统一（见图 4-12）。

图 4-12 标识图样

② 整顿的典型问题

a. 主要表现：货架上的物品没有物资收发登记卡，管理状态不清，除了当事人之外，其他人一时难以找到；货架太高或物品堆积太高，不易拿取；没有按重低轻高、大低小高的原则摆放。

b. 检查中常见问题：刚开始是很整齐的，一发料又乱了，没时间去整顿；物资收发登记卡挂在周转箱上妨碍发料（或者辅助仓库物品太多、太杂，胶木件仓库挂登记卡不容易），只要心中有数就行了；图仓库省事，不按生产节拍运作，给车间发料时一次发得太多，造成车间现场混乱；货架上物品存放箱的大小不一，询问时以物品大小不一作借口，造成货架参差不齐，非常凌乱。

(3) 清扫

> 将岗位变得无垃圾、无灰尘，干净整洁，将设备保养得锃亮完好，创造一个一尘不染的环境

清除工作场所内的脏污，并防止脏污的发生，保持工作场所干净。到处有脏污的生产现场，发生品质不良、机械故障的危险较高。经常性地彻底清扫，让良好的环境带来良好的心情，以减少甚至杜绝事故的发生。

① 建立清扫基准和制度　除了责任到人外，还需要建立一套清扫的基准，制定一份清扫制度，促进清扫工作的标准化，以确保职场的干净整洁（见表 4-12）。

表 4-12　蒸馏车间清扫责任制

5S区	责任者	值日检查内容
内操区	张三	作业场所是否杂乱、操作台是否保持干净
外操区	李四	作业场所是否杂乱、物品摆放是否整齐
休息区	王五	地面无杂物，物品摆放整齐
消防器材放置区	孙六	是否定置摆放、是否保持干净
文件柜及其他	李刚	文件柜内是否保持干净，柜内物品是否摆放整齐

注：1. 此表的5S区由责任者每天进行维护；
　　2. 下班前15分钟开始；
　　3. 其他包括清洁器具放置柜、门窗、玻璃。

② 清扫的典型问题

a. 主要表现：物品连外包装箱在内一起放在货架上，影响仓库现场的整齐划一；清扫时只扫货物不扫货架；清扫不彻底。

b. 检查中常见问题：只在规定的时间清扫，平时见到污渍和脏物也不当一回事；认为清扫只是清洁工的事，与仓库管理员和操作工无关；清扫对象过高、过远，手不容易够着，于是死角很多或干脆就不打扫；清扫工具太简单，许多脏物无法清除。

（4）清洁

> 将整理、整顿、清扫进行到底，并且标准化、制度化

也就是在维持3S（整理、整顿、清扫）的状态下，维持卫生的生产现场。不同的理解是将清洁称作"保持"；为机器、设备清除油垢、尘埃，谓之"清扫"；而"长期保持"这种状态就是"清洁"。

"标准化"是用来确保改善的效果，使之能继续维持下去。"标准"的其中一种定义，是指"做事情的最佳方法"。如果员工在其重复性的工作过程中，不遵守标准工作，其后果便会导致质量的变动及差异波动。

① 清洁的基准　见表4-13。

表 4-13　清洁基准

5S水平	具体项目	本公司水平	其他优秀企业水平
优秀	1. 公司上下都散发着努力改进的气氛 2. 一进入工厂，能感觉到大家都在亲自动手进行各种改善	↑	
合格	1. 过道和现场无乱摆放现象，非常整洁 2. 员工积极提出改进方法，其他岗位的员工也都效仿 3. 工具等整齐地放回原位		某电脑公司 某机械厂
小有成绩	1. 开始出现整洁的工作岗位 2. 所有物品的放置场所都已规定 3. 开始具有直角、平行意识		某电子公司
继续努力	1. 能拿到工具箱的钥匙，但物品常常找不到 2. 通道和作业区已经区分 3. 相似的物品被集中摆放，没有明确的区分		某复印机公司
开始奋斗	1. 工具箱被锁上，拿不到所需要的物品 2. 一知道有客人来，急忙打扫 3. 进入工厂，鞋子会粘上铁屑		

② 清洁的典型问题

a. 主要表现：突击打扫很卖力，清洁维持难长久。

b. 检查中常见问题：出于小团体的荣誉，为了应付检查评比，经常搞突击性卫生打扫，当时清爽宜人，事后不注意清洁效果的维持，也就是通常所说的一阵风；简单地停留在扫干净的认识上，以为只要扫干净就是清洁了，结果除了干净之外，其他方面并没有多大的改善；清洁化的对象只限于现场所管理的物品，对库房顶上、窗户外面等没有清扫。

（5）修养（也称作素养或者教养）

> 对于规定了的事情，大家都按要求去执行，并养成一种习惯

即培育员工养成遵守规章制度和劳动纪律、讲究卫生、规范作业的良好习惯，营造团队精神。公司应向每一位员工灌输遵守规章制度、工作纪律的意识，此外还要强调创造一个良好风气的工作场所的意义。绝大多数员工对以上要求会付诸行动的话，个别员工和新人就会抛弃坏的习惯，转而向好的方面发展。此过程有助于人们养成制定和遵守规章制度的习惯。修养强调的是持续保持良好的习惯。

【案例】 修养维持的有效手段——早会

每天10分钟早会制度给自己带来的好处

• 及时了解生产计划安排

领导在月初开早会时就及时向大家通报，这样员工在生产和装配产品时就能做到按计划要求安排先加工较急的产品，决不让自己手上的产品拖全线计划的后腿。

• 及时对生产质量问题进行通报

早会时领导及时对出现的质量问题进行讲解和通报，这样做一来保证出问题的员工不会再犯同样的问题，二来也让其他员工避免犯相同的错误，进而提高全体员工的质量意识和工作水平。

• 及时表扬和批评

及时表扬员工好的行为，让大家向他们学习，同时对不良现象或行为给予批评，达到表扬先进、鞭策后进、共同进步的目的。

• 员工修养得到提升

每天早会时领导总是先向员工问好，员工再向领导回礼，时间一长员工自然养成了一种相互打招呼的好习惯。特别值得一提的是，为了提升员工的素养，还制定了一些文明礼貌用语。譬如打电话时必须先问"你好"，结束时必须说"再见"等，实施效果很好。

① 修养形成的基本过程 见图4-13。

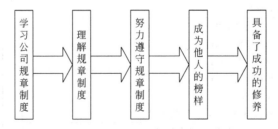

图4-13 修养形成的基本过程

② 修养的典型问题

a. 主要表现：工作缺乏主动性，就事论事，工作中没有创新。

b. 检查中常见问题：只是按照规章制度的要求去做，不动脑筋想办法如何做得更好；认为只要做好本职工作就可以了，没有必要再花时间学习业务知识。

2. 5S 之间的关系

整理是整顿的基础，整顿又是整理的巩固，清扫是显现整理、整顿的效果，而通过清洁和修养，则使企业形成一个整体的改善气氛。

3. 推行 5S 的基本方法

实践证明，5S 活动开展起来比较容易，可以搞得轰轰烈烈，在短时间内取得显著效果，但要坚持下去，持之以恒并不容易。很多企业发生过"一紧、二松、三垮台、四重来"和"回生"现象。5S 的重点不是把它挂在墙上，当成口号；而是日复一日，年复一年地坚持做下去！班组长是推行 5S 的纽带，起着至关重要的作用。因此，开展"5S"活动，必须要有强有力的推进方法。

5S 管理常用的方法有：红牌作战法、检查表法、目视管理法、看板管理法、摄影作战法、定置管理法、颜色管理法等。下面主要介绍"红牌"作战法和检查表法。

(1) "红牌"作战法　在生产现场，会积累不少物品，废弃觉得可惜，但现在又用不上。这些物品是否必要，就要根据 5S 的要求分门别类进行整理，凡目前不用而需要清理的，或不合乎 5S 要求的，就地张贴"红牌"进行警告，限时纠正，并配合一定的处罚措施。现场管理中出现下列情况时，应当使用"红牌"。

◆ 整理不合格。
◆ 需继续改善的对象。
◆ 需继续清理的对象。
◆ 物品用途不明。
◆ 物品变质、不良。
◆ 脏污、不清洁的物品。
◆ 未处理好的事件或问题。

(2) 检查表法　公司对 5S 的实施过程及其结果应定期实施检查，车间班组每天对实施情况进行检查，并记录在检查表上（见表 4-14），记录改善措施和结果，对改善情况进行追踪确认。

表 4-14　5S 检查表

部门	检查人	检查日期	上次得分		本次得分		
5S	检查对象	检查记录	评　分				
			0	1	2	3	4
整理	通道						
	工作场所						
	办公桌、作业台						
	料架						
	仓库						

续表

部门	检查人	检查日期	上次得分	本次得分				

5S	检查对象	检查记录	评 分				
			0	1	2	3	4
整顿	设备、仪器						
	工装、工具						
	物料、零件						
	文件						
	档案						
清扫	通道						
	作业场所						
	办公桌、作业台						
	门窗、墙壁、天花板						
	设备、工具、仪器						
清洁	通道						
	作业场所						
	办公桌、作业台						
	门窗、墙壁、天花板						
	设备、工具、仪器						
修养	日常5S活动						
	服装						
	仪容						
	行为规范						
	时间观念						
	小计						

评语	改善措施(对策)	追踪记录
检查人：　　　年　月　日	负责人：　　　年　月　日	追踪人：　　　年　月　日

四、任务实施

任务实施可按照任务布置、准备、执行、评价、验收五个阶段进行，具体操作方法参照情景一中的任务实施部分，操作内容应结合本次任务进行。

【再次训练】完成上述任务之后，试试看你能完成"七、拓展训练1"的任务吗？

五、任务评价

任务完成情况的考核评分与情景一中的任务评价部分相同，以此为标准进行评价。

六、归纳总结

5S管理就是整理（Seiri）、整顿（Seiton）、清扫（Seiso）、清洁（Setketsu）、修养（Shitsuke）五个项目。整理是整顿的基础，整顿又是整理的巩固，清扫是显现整理、整顿的效果，清洁是维持整理、整顿、清扫的结果，养成保持的习惯，修养是通过前面的"4S"

培育员工养成按照标准和制度做事的习惯。5S 管理的最终目的是提高人的素质，养成良好的工作习惯。推行 5S 的方法常用的有"红牌"作战、检查表法、目视管理法、看板管理法、摄影作战法、定置管理法、颜色管理法等。

七、拓展训练

1. 请你用"检查表"法对上述"红牌"作战任务结束后的整改情况进行检查。

要求：① 根据检查的内容设计 5S 检查表；

② 记录改善措施和结果（评语结果分通过、暂缓通过两种）；

③ 对改善情况进行追踪确认（没有改善、基本改善、完全改善）。

2. 请你采用颜色文件夹对下列操作卡进行保管。要求：除了操作规程（合订本）外，其他操作卡分别以活页形式放置在控制室资料柜的文件夹中，并注明名称，并以不同颜色的文件夹加以区分。

操作卡：操作规程（合订本）；事故处理预案；临时操作规定；开工规程、停工规程、单体设备操作卡等单项操作规程。

课后训练题

1. 知识训练题

（1）简述化工企业生产计划管理的流程。

（2）简述公司生产经营计划的主要内容。

（3）试述车间内部生产计划安排表的内容及排产方法。

（4）简述工艺规程的内涵及主要形式。

（5）简述化工企业操作规程管理职责。

（6）简述生产装置操作规程的主要内容。

（7）简述工艺卡片的主要内容。

（8）简述开工规程和停工规程三级编写的规定。

（9）简述操作规程修订的理由。

（10）简述化工企业生产装置操作卡的主要形式。

（11）简述操作规程的执行内容。

（12）5S 活动包括哪些内容？各项目活动存在的常见问题是什么？

（13）5S 之间的关系如何？

2. 能力训练题

（1）调查某化工企业的一个车间，列出该车间某个月生产计划安排表。

（2）调查某化工企业的一个车间，搜集一份某生产装置操作规程、一份某生产装置工艺卡片和一份单体设备操作卡。

（3）调查某化工企业的一个车间，写一份该车间推行 5S 活动的调查报告。

情境五

化工企业设备管理

任务一 化工设备大检修的施工管理

在化工设备检修施工中,系统(装置)大检修及年度全厂停车大检修的实施与管理最为复杂,也最重要,而且质量和安全等各方面要求也最高。

设备大检修按时间顺序包括停车、检修和开车三个过程。对应的在大检修期间的施工管理包括检修施工前的准备工作;加强施工现场的管理;搞好检修后的验收、交工及总结工作三个环节。

一、任务介绍

图 5-1 是某石化公司设备维检修管理办法,其中设备大检修期间的管理要求如下。

1. 检修准备工作要做到"六落实",即:计划项目落实;设计图纸落实;检修配件落实;检修器材落实;施工人员落实;质量安全措施落实。

2. 检修过程中要保证设备检修质量,做到"三不交工",即不符合质量标准不交工;没有检修记录不交工;卫生规格化不好不交工。

3. 施工单位实行文明施工。做到"三条线"、"三不见天"、"三净"(见教材)。

4. 机动设备处、生产车间应对各类设备进行检查,及时发现和处理各类检修问题。

5. 生产车间应严格执行"四不开车"原则,即检修质量不合格不开车,堵漏不彻底不开车,安全设施不合格不开车,环境卫生不合格不开车。

图 5-1 某石化公司设备维检修管理办法

主要任务:请你参照上述案例内容和教材中的相关知识,编制班组"设备大检修期间的管理要求"文件。

知识目标:1. 了解设备的含义;

2. 掌握化工设备大检修施工管理的三个环节及要求。

能力目标:会编制班组化工设备大修管理的相关文件。

素质目标:完成任务的态度、完成任务的质量、知识应用能力、书面表达能力、语言表达能力、与人合作能力。

二、任务分析

要完成好上述任务，就要了解设备的含义，掌握化工设备大检修施工管理的三个环节及要求。

三、相关知识

1. 术语

设备　设备一般指生产上所常用的机械和装置，是固定资产的主要组成部分，它是工业企业中可供长期使用并在使用中基本保持原有实物形态的物质资料的总称。化工生产设备的分类见图5-2，案例见图5-3。

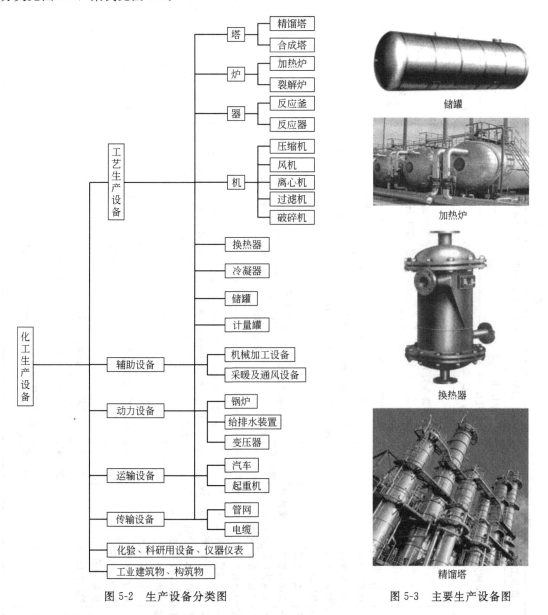

图 5-2　生产设备分类图　　　　图 5-3　主要生产设备图

2. 大检修施工前的准备工作

要做到"三定"、"八落实"。人们常说"三分检修、七分准备"，大检修的施工准备有组织准备、技术准备和后勤资源准备三方面，内容可概括为"三定"、"八落实"，即：定项目，

表 5-1　停工统筹表

准备工作			项目 工段	原油降量 累计/h 月日 8点	降温及原油带罐循环 2 10点	轻柴油置换 4—8 12点—16点	退油吹扫 12 20点	扫线 48 8点	加热炉烧焦各塔蒸煮 60 日 20点	吹扫及捅盲板 72 日 8点
前两天	前一天	前三天								
1. 电脱盐罐内原油退净后管线充柴油,给汽吹扫	1. 减轻向外退油,引氮气充压。2. 联系气分析罐内的含氧量	1. 停电脱盐和常压三线,把脱盐罐内的原油用B-712B送出装置。注意常减常顶入口管线防凝 2. 停并二线,停产航煤,联系把各罐内油排出装车,开孔,自然通风净后,装冷却器 3. 渣油加水加碱,注氨,注缓蚀剂,投冷却水 4. 航煤各罐卸料,卸净后,重新封孔,给汽吹扫	常压炉	进料逐步降到180t/h	以50℃/h的速度降温至灭火,吹扫人孔嘴,烟炉	控制各路流量,均匀置换	留一、二路退油,三、四路吹扫	各路反复憋压吹焦风	烧焦	瓦斯线吹扫
			常压	调节产品质量合格,瓦斯放空	控制温度降温,至灭火,吹扫人孔嘴,侧线抽空后停泵	控制各路流量,各路均匀置换,汽、煤、柴水顶	侧线给汽,塔底退油。注意控制塔内不超压	各路反复压吹扫	蒸发塔、常压塔蒸煮,换热器继续吹扫	重点部位继续吹扫
			减压炉	控制各部温度正常	随常压炉降温而降温,至灭火,吹扫人嘴,烟炉	控制各路流量,均匀置换	留一路退油,其它三路吹扫	各路反复压吹扫	烧焦	瓦斯线吹扫
			减压	控制产品质量合格。蒸发器切除	逐步降空压,至常压,控制液面,侧线抽空后停泵	控制塔底液面,各路均匀置换	退油,给汽吹扫。注意控制塔压	各路反复压吹扫	减压塔继续吹扫	重点部位继续吹扫
			减黏	反应器继续退油中		引轻柴油入反应器,均匀换各部	退油,给汽吹扫	反复憋压吹扫	反应蒸煮塔,减黏炉烧焦	瓦斯线吹扫
			电脱盐	给汽吹扫,反复吹扫憋压						
			航煤	关闭总出入口阀门、罐体、管线给汽吹扫						
			盲板	抽低温部位盲板		抽全部扫线给汽盲板			捅盲板	盲板全部就位

定时间，定人员；施工项目落实，施工图纸落实，安全技术措施落实，劳动力落实，备品配件落实，各种材料落实，施工机具落实，施工、停、开车方案落实。如某石化公司二套常减压装置停工方案（见表 5-1）。

3. 施工现场的管理

大检修施工现场管理是整个施工管理的中心，为保证检修质量、安全施工、按时或提前完成检修任务，大检修指挥部内必须运用图表和数据来指导检修，实行作业岗位责任制，搞好施工调度，严格控制检修质量，落实施工的安全措施，实行科学文明检修。

（1）施工现场的管理组织和管理制度

① 运用图表和数据指导检修。一般设置的图表有：施工项目表；施工现场平面布置图；重点项目施工负责人员表；重点项目施工进度表；检修进度统计日报表；系统大修、停车、检修、开车网络图；系统大修质量验收规定；系统大修保卫工作规定；系统大修安全规定。

【案例】 某石化公司二套常减压装置停工要求及安全注意事项

- 停工方案经有关主管部门审批后，才具有可操作性。在停工过程中遇到异常情况使停工无法正常进行或需要变动停工方案的内容时，应由生产处、技术发展处、机动处、安全处等停工指挥部联合审批后形成书面文字后方可生效。
- 停工过程要严格执行停工方案的步骤和要求，每个步骤要有具体执行人的确认。
- 参加停工的人员要参加停工方案的培训和考试，并且考试成绩合格。
- 各岗位一定要按停工方案有条不紊地做好、做细本岗工作，做到安全、平稳、文明停工。
- 要统一指挥，任何动作均由停工指挥统一下达，班长安排班员进行，每个动作后要及时汇报班长，班长汇报车间。
- 对不清楚的工作，班员有权要求解释清楚。
- 停工过程中要做到十不：不跑油；不串油；不排油；不超压；不打水锤；不损坏仪表设备；不超温；不着火；不爆炸；不伤人。
- 停工后要达到五净：油退净、线扫净、塔煮净、存水放净、地面清净。
- 停关阀门要缓慢，蒸汽吹扫时，水要脱净，防止蒸汽带水，以免打水锤击坏设备。
- 常压炉、减压炉、减黏炉降温、降量速率不准过快，降量要平稳，侧线及回流按比例降量。
- 退油时，要注意油品出装置温度按工艺卡片要求执行，重质油不能超过 90℃，轻质油不能高于 60℃，汽油＜40℃，防止高温突沸。
- 设备吹扫置换必须按停工方案进行，要扫净管线死角，主要管线要反复吹扫。
- 冷换设备吹扫时，要排净存水，一程吹扫，一程泄压，防止损坏设备。
- 齿轮表等计量设备吹扫时必须走副线，待拆除后用直管代替方能进行吹扫，防止损坏内部构件。
- 吹扫时合理分配蒸汽，应先吹扫重质油管线，然后吹扫轻质油管线，必须保证所有管线吹扫干净。
- 机泵出口管线上的压力表阀关闭停用，防止吹扫打水锤把压力表震坏。
- 严禁用任何风扫管线、设备，以防止爆炸着火。
- 在吹扫生产装置管线时，吹扫前必须与下游岗位和相关单位联系好，防止憋压冒顶问题的发生。

- 禁止向地面、下水道大量排放油品、瓦斯。确实需要排放时，需经停工指挥部批准，采取安全措施后，方能集中定时定点排放，排放时安排专人负责监护。
- 严禁在油区内用黑色金属或易发生火花的工具敲打撞击作业，轻质油排凝不通时，严禁敲打。
- 吹扫蒸汽压力不能低于介质压力，防止介质倒流。
- 扫线时防止冷凝水倒流。
- 吹扫完毕后，要先关被吹扫管线阀门后停汽，防止被扫线蒸汽倒流。
- 使用蒸汽胶管，必须用手拿好，不准用扳手压着，停汽必须缓慢，防止胶管破裂，发生烫伤事故。
- 停工中应停止装置周围一切火源。装置动火，按照有关规定进行，严禁违章动火。
- 停工期间必须按照要求佩带劳动保护用品。
- 不准用汽油擦洗衣服和工具，不准私自储存汽油。
- 检查装置地沟，确认与其他装置地沟全部隔断堵死；装置地沟总出口水封正常。
- 设备管线吹扫完毕必须将与外界联系的油、汽管线加盲板断停，做好登记、挂牌工作。
- 抽插盲板时，负责盲板人员必须在场，关好阀门，泄完压，方能进行操作，防止烫伤检修人员。
- 注意各阀门停度，严禁憋压。
- 停注水、注氨时，先关注入点一次阀门后停泵。

② 实行作业岗位责任制。为保证检修质量并按时或提前完成检修任务，大修指挥部可以同施工单位订立内部经济承包合同，明确任务要求、完工日期，以及按时或提前完成任务给予的物质奖励。

③ 搞好施工调度。在检修的整个过程中要以施工调度为中心，对施工进行全面管理，以保证检修计划的完成。

（2）严格落实大检修施工的安全措施（见图5-4） 大检修施工的安全措施包括：①解

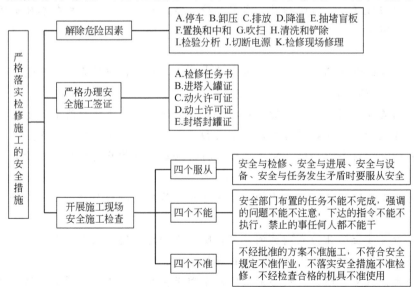

图5-4 检修施工的安全措施

除危险因素；②严格办理安全施工签证；③开展施工现场安全施工检查。

【案例】 盲板隔离（见图 5-5）

图 5-5　盲板隔离（停工插盲板）

(3) 严格控制检修施工质量　大检修施工要实行全面质量管理，认真执行《设备维护检修规程》。对一些主要设备的检修，还必须执行专门的检修规程。压力容器的检修还必须执行压力容器安全技术管理的有关规定。

大修施工时，首先应对某些关键部位进行技术检查，做好记录。并把这种检查工作作为一个正式项目列入检修施工中。在检修施工中，应强调中间检查，确保施工质量。在检修进入紧张施工阶段，往往会产生只抓进度而忽视质量的现象。尤其是返工较困难的检修项目，中间进行质量检查可大大减少大修的扫尾工作。中间检查应采取边检修、边检查、边记录、边验收的方法进行。无论中间检查，还是竣工验收检查，都应该按照检修规程所明确的质量标准严格把关，并实行"自检、班组长检、专业人员检"的三级质量检查制。同时，检修中要注意保护好防腐层，设备及管道的保温层。对施工中发现的不符合标准要求的设备、备件、紧固件、各种阀门、材料等，以及没有审批手续的变更，检修施工人员有权拒绝使用。

(4) 做好科学文明检修工作（见图 5-6）　检修施工必须做到科学检修、文明施工，反对野蛮操作。努力做到：施工机械化、检修工厂化、现场规范化，使检修达到优质、高速、安全、经济的目的。凡能采用专用机具施工的，都必须采用。

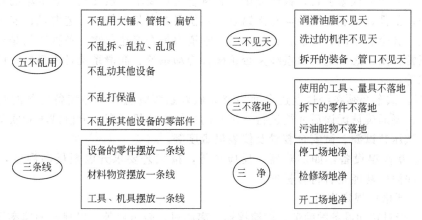

图 5-6　科学文明检修要求

【案例】 某石化公司不文明和文明施工对比图（见图 5-7 和图 5-8）

图 5-7 不文明施工

图 5-8 文明施工

4. 大检修后的验收、交工及总结

大检修结束时必须进行全面检查验收,确保达到一次开车成功。

(1) 竣工验收的条件

① 清理现场。检修完毕,检修工要检查自己的工作有无遗漏,同时要清理现场,将火种、油渍垃圾、边角废料全部扫除,不得在现场遗留任何材料、器具和废物,做到"工完、料净、场地清"。此外,要将栏杆、安全防护罩、装备盖板、接地、接零等安全设施全部恢复原状,但验收交工前不得拆除悬挂的警告牌和开启切断的物料管道阀门。

施工机具撤离现场应有计划的进行,所在生产车间要配合协助。在清理和撤离过程中应遵守有关规定,防止物体打击等事故发生。

② 全面检查。设备或系统在验收交工前必须进行全面检查。对一个生产系统,应按工艺顺序或设备前后顺序进行检查,以免遗漏。不论是生产系统还是单体(单机)装备,除进行全面检查外,都应确定各种设备的重点检查内容,然后逐一进行检查。重点检查内容一般有:检查有无漏掉的检修项目;检修质量是否符合规定要求;按图检查该抽堵的盲板是否已抽堵;设备、部件、仪表、阀门等有无错装,其位置方向是否符合工艺要求;安全装置、设施是否灵敏、齐全、牢固、可靠;各种设备、管道内是否有遗留物;各种阀门是否处于开车生产前的正常开闭状态;电动机接线是否正确;冷却系统、润滑系统是否良好;设备安装固定是否牢靠等。

③ 试车。试车必须在经过上述全面检查并做好系统管道和单体装备内部的吹扫,对其完好、干净、畅通确认无误后才能进行。试车的规模有单机试车、分段试车和联动试车,内容有试温、试压、试漏、试安全装置及仪表灵敏度等。

• 试温。指高温设备,如加热器、反应炉等,按工艺要求升温至最高温度,验证其散热、耐火、保温的功能是否符合标准。

• 试压。严格按规定进行。

• 试速。指对转动设备的验证,如搅拌器、离心机、鼓风机等。以规定的速率运转,观察其摩擦、振动等情况。试车时切勿站立在转动部件的切线方向,以免零件或异物飞出伤人。

• 安全装置及附件校验。安全阀按规定进行检验、定压、铅封;爆破片进行检查、测试和更换；压力表按规定校验、调试，达到灵敏可靠。

- 试漏。校验常压设备、管线的连接部位是否严密。可先以低于 0.1MPa 的空气（正负均可）或蒸汽试漏，观察其是否漏水漏气或很快降压，然后再注入液体循环运行试漏，以防止开车后的跑冒滴漏。

- 化工联动试车。大检修指挥部应组织试车领导机构，明确试车总负责人和分段指挥者，按指定的试车方案组织试车。试车中发现异常现象应及时停车，查明原因、妥善处理后继续试车。

（2）验收交工　大检修的竣工验收交工程序见图 5-9。

设备的检查验收工作，应贯穿在设备检修的整个过程中。设备的竣工验收是检修后的全面检查验收工作。应按照检修任务书或检修施工方案中规定的项目、要求及试车记录，以及验收质量标准逐项复查验收。

首先由施工单位做好自检，并准备好竣工资料，最后由生产车间组织检查验收，确保达到一次开车成功。在验收过程中，发现的检修缺陷，由施工单位无条件的返修，直至检修质量合格为止。对试车合格的设备，按规定办理交接手续。由检修施工单位和使用单位负责人共同在《设备检修交接验收单》上签字，正式移交生产并存档备查。

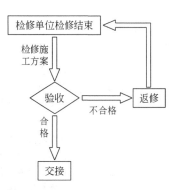

图 5-9　竣工验收交工流程

验收交工时必须同时移交修理记录等技术资料。修理记录主要有以下几方面。

① 一般情况记录，如检修内容、修理时间、修理工时；设备存在主要缺陷；解决方法；下次修理应更换的零部件及修理建议等。

② 修理更换的零部件记录。

③ 修理前后检查、测量、试压、探伤等记录及资料。

④ 修理设备的名称、规格，修理类别，修理负责人，修理单位。

【案例】　常减压装置——汽提塔停产检修记录

汽提塔的腐蚀主要集中在常三线上，这与它的塔内介质及温度的关系密不可分。常三线汽提塔内介质为重质柴油，操作温度 320~330℃左右，这些因素与环烷酸腐蚀特征十分吻合，因此三线汽提塔的严重腐蚀现象是在预料之中的。经开孔检查后发现 1 层受液盘腐蚀穿孔多处，进行了整体更换，现为 304 材质，3 层受液盘焊道腐蚀穿孔 3 处，三线浮球法兰内壁及人孔内壁都存在较大蚀坑，三线汽提塔顶部内壁上也有几处蚀坑，对这些地方一一进行补焊。见图 5-10。

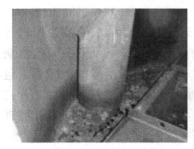  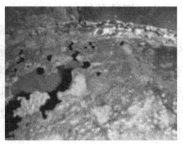

图 5-10　常三线汽提塔受液盘腐蚀穿孔

(3) 总结　大检修后应对检修计划实施情况进行全面检查和综合分析，认真总结经验，不断加强和提高设备管理与维修的水平。总结中，在管理上应对检修计划项目、内容、网络图、平面布置图、检修进度、安全措施、检修费用和各类定额等进行重点分析；在技术上，要对设备、零部件的使用寿命、效率、故障、精度、材质等进行全面技术性分析，必要时进行检验，测定并找出问题所在和提出改进方法，为下一次检修做准备。

【案例】　常减压装置停产检修总结（见表5-2）

表5-2　常减压装置停产检修总结（部分）

1.3.2开孔定向项目：设备位号	名称	鉴定修理描述	处理意见	评价结论
T-701	初馏塔	补齐浮阀(32层1个,35层1个,27层2个,26层1个,24层5个,14层1个,12层1个)。28层、12层降液板焊道缺口补焊。18层降液板漏点补焊。14层塔盘支撑与受液槽焊道漏点补焊。17层塔盘紧固卡子调整2个,保证固定。8层降液板变形处恢复	全部更换或检修	可运行一个周期
T-702	常压塔	塔底吹汽管支管更换。22层南侧降液板与塔壁连接处补焊。19层、21层降液板补焊。18层中间降液板内侧补焊。11层受液槽泪眼处贴补板后开孔。6～9层塔盘处塔壁补板一圈。塔底东侧吹汽管内壁焊道补焊。塔底内壁焊道补焊	全部更换或检修	可运行一个周期
T-703	汽提塔	常三线浮球拆装。常三线内侧浮球与塔壁法兰连接处补焊。常三线受液槽底部漏点补焊。常三线1层受液槽整体更换。常三线3层降液板补板	全部更换或检修	可运行一个周期
T-203	减压塔	减三线集油箱内焊缝补焊。1～4层塔盘泡帽修复。塔顶馏出线热偶引出管焊道补焊。减三线集油箱浮球更换。减三线集油箱横梁蚀坑处贴板。转油线内贴防冲板。防冲板焊道补焊。转油线内入口管焊道补焊。导流板立焊缝打磨后补焊。减四线填料部分更换	全部更换或检修	可运行一个周期

四、任务实施

任务实施可按照任务布置、准备、执行、评价、验收五个阶段进行，具体操作方法参照情景一中的任务实施部分，操作内容应结合本次任务进行。

【再次训练】完成上述任务之后，试试看你能完成"七、拓展训练1"的任务吗？

五、任务评价

任务完成情况的考核评分与情景一中的任务评价部分相同，以此为标准进行评价。

六、归纳总结

化工企业是典型的装置型企业，整个生产过程是在由若干种设备构成的装置中进行的，因此，对于设备除了日常和定期保养外，设备的大检修必不可少。设备在大检修期间施工管理是一项工作量大、参加人员多、涉及面广的工作。大检修期间的施工管理包括检修施工前的准备工作；加强施工现场的管理；搞好检修后的验收、交工及总结工作三个环节。本次任务是就设备大检修期间的管理要求进行训练，要求理解并掌握三个施工管理过程及要求。

七、拓展训练

1. 请你编制班组的"设备大检修后质量验收交工的管理要求"文件。

2. 假如你是这个车间的某班班长，请你根据材料1的内容编写一份你们班的设备维护管理考核制度。

材料 某化工企业蒸馏车间设备维护管理考核制度

为了加强车间设备管理及维护工作，提高和强化设备管理人员及设备维护人员的技术素质，增强责任感，特修订此考核办法。

1. 考核方式及内容

（1）日常工作考核 设备管理人员每天上午、下午各进行一次巡回检查，内容包括：运转设备润滑、备用设备润滑、备用机泵盘车、加热炉火嘴检修、炉底卫生及当班专责区卫生、设备及工具的维护保养。

（2）每周联合检查 车间管理人员每周四上午10:00～11:30进行联合检查一次。内容包括：日常工作的全面内容及专责区，专责设备卫生，安全方面有无隐患。

（3）临时抽查上级部门检查出的问题。

2. 考核办法

（1）装置卫生情况，根据设备维护专责分区办法，对班组专责卫生区实行班长负责制，检查专区卫生不合格扣班组2分。

（2）专责设备卫生，一项不合格扣专责人1分。

（3）室内卫生、炉底卫生及各个操作室门前附近3米以内卫生由当班清理，实行交接班制，接班后卫生即由接班人负责，经检查不合格要立即清理。如仍未清理扣当班人2分（主操作室门口卫生南侧由一套常减压班长负责，北侧由二套常减压班长负责，自行车棚单日一套常减压负责，双日二套常减压负责）。

（4）加热炉火嘴的检修工作，按专责划分，采取班长负责制。如某火嘴出现问题，当班操作员及班长均应在日记上写明情况，口头通知车间专责人无效，专责人当班时立即修好，并负责把卫生清理干净，过期未修者扣1分。灭火不用时必须吹扫干净。

（5）每日1:00～8:00班备用机泵盘车，发现未盘车的扣1分。

（6）严格执行设备润滑管理标准，实行"五定、三过滤"（见润滑管理制度）。

（7）设备维护不周及违反操作规程出事故者，如冻坏泵、管线及没有及时发现设备问题的，一般扣5分，严重者车间研究决定。

（8）专用工具丢失或损坏公物者扣2分。

（9）临时布置工作任务（不违反操作规程及劳动纪律的前提下），不服从者扣2分。提出问题在限期内未整改完成的扣2分。

（10）设备检修工作票、停（送）电票填写应齐全清楚，填写不详扣班长1分。停送电票放在主控室，由班长负责交接班，票用完时，用票根更换新票，停送电票丢失扣班长1分。设备检修工作票存根由班长负责保存，丢失扣班长1分。

（11）对上级部门检查出来的问题车间将加倍处罚。

（12）车间临时下达的通知、规定等所规定的考核办法同样有效。

（13）周四车间联合检查发现的问题扣分加倍。

任务二 化工企业设备事故管理

化工企业应遵守国家和集团公司有关设备安全管理的法律、法规和制度，加强设备安全管理，重点之一是设备事故管理，以实现设备本质安全，减少和避免设备事故的发生。

一、任务介绍

单级单吸离心油泵50YⅡ-60*2机械密封的位置

【案例】 图5-11是某石化公司泵端面密封呲开着火事故的现物泵。

1988年4月15日15时25分某石化公司二套常减压装置减黏4#反应器C泵检修完后，试车运转，第一次试车发现端面密封有点漏，停泵钳工紧了几下后，又试车，运转后约10分钟端面密封突然喷溅着火。泵轴不同心，运转中振动造成密封呲开，热油喷出与空气接触引起着火。

当时火势较大，在消防队的掩护下，甩掉减黏，将泵出入口阀关闭，将火扑灭。经检查其他设备无问题，开D泵运转，减黏并入系统。

由于时间短，影响不大，对后序装置没有影响。

图 5-11 某石化公司单级单吸离心油泵 50YⅡ-60*2

主要任务：请你参照上述案例内容和教材中的相关知识，判断此起设备事故的性质和类别。

知识目标：1. 掌握化工设备事故的分类；
2. 掌握化工设备事故的性质。

能力目标：会分析化工设备事故的性质和类别。

素质目标：完成任务的态度、完成任务的质量、知识应用能力、书面表达能力、语言表达能力、与人合作能力。

二、任务分析

要完成好上述任务，就要掌握设备事故的分类和设备事故的性质。

三、相关知识

1. 术语

设备事故 凡因设计、制造、安装、施工、使用、修理等原因造成的设备非正常损坏，直接经济损失超过规定限额的，均称设备事故。

2. 化工企业设备事故的分类

（1）按直接经济损失分类 化工企业设备事故按直接经济损失分为小事故、一般事故、大型事故、重大事故和特大事故五类。

① 小事故：直接经济损失 1 万元（含 1 万元）以下的。

② 一般事故：直接经济损失超过 1 万元，小于 10 万元（含 10 万元）的。

③ 大型事故：直接经济损失超过 10 万元，小于 30 万元（含 30 万元）的。

④ 重大事故：直接经济损失超过 30 万元，小于 100 万元（含 100 万元）的。

⑤ 特大事故：直接经济损失 100 万元以上的。

(2) 按设备事故的性质分类

① 设备质量事故：由于制造质量、安装质量不好而造成的事故。

② 自燃事故：不可预防或不可抗拒力，设备正常磨损腐蚀等原因而引起的设备事故。

③ 责任事故：操作人、检修人违反操作规程、维护规程、检修规程等人为原因引起的事故。

四、任务实施

任务实施可按照任务布置、准备、执行、评价、验收五个阶段进行，具体操作方法参照情景一中的任务实施部分，操作内容应结合本次任务进行。

【再次训练】完成上述任务之后，试试看你能完成"七、拓展训练1"的任务吗？

五、任务评价

任务完成情况的考核评分与情景一中的任务评价部分相同，以此为标准进行评价。

六、归纳总结

凡因设计、制造、安装、施工、使用、修理等原因造成的设备非正常损坏，直接经济损失超过规定限额的，均称设备事故；化工企业设备事故按性质分为设备质量事故、自然事故和责任事故三类；化工企业设备事故按直接经济损失分为小事故、一般事故、大型事故、重大事故和特大事故五类。

七、拓展训练

1. 请你判断【案例1】和【案例2】事故类别和性质。

【案例1】 冷却器检修事故

1993年6月23日，某化纤厂丙烯腈车间单体工段冷却器H115由于温度过高壳体变形，在膨胀节上部20cm处开裂，使壳体由8mm厚减薄到6mm，经打补订后，防止H115再次发生超压爆裂，7月9日车间决定将H115停用。8时30分，副班操作工将H115的壳体给水总阀和出汽总阀关闭，同时打开这两个阀前的放空阀。一边防水，一边放汽，到10点30分基本无压力，蒸汽放空阀气量也很小。操作工判断H115壳体内蒸汽已放净（实际上是放空线被管线内水垢堵塞）就将H115进水阀关闭，到泵房去拆H115给水副线阀的法兰。10时50分，H115壳体突然撕裂。

直接经济损失4928元，间接损失1.04万元。

【案例2】 检修时私自开阀引发大火

1982年4月5日14时53分，某机修厂维修一车间两名钳工在炼油厂热裂化装置检修16号往复泵（此泵是热油泵，温度380℃）。钳工到现场后，操作工开泵试车，压力表没显示压力，泵体也没温度就停了泵，关了蒸汽阀和泵的入口阀。操作工走后，两名钳工先卸开螺丝，将油缸盖取下，由于油质黏度大，瓦鲁不好拆，两人就想用油把瓦鲁顶下来，以便检查泵不上量的原因。于是没和操作人员联系就私自将泵入口阀打开，打开后没见出油便离开现场。刚走不久，泵房起火，操作工立即报警。消防车及时赶到现场，20分钟后将火扑灭。这次火灾致使塔-9真空度破坏，造成热裂化装置停产。

这次事故直接经济损失3680元。在扑救火灾的过程中，4名消防队员被烧伤。

2. 分析上述【案例1】和【案例2】事故发生的原因，指出防范设备事故的措施。

提示

1. 事故原因分析

分析事故原因的时候,要从直接原因入手,逐步深入到间接原因,从而掌握事故的全部原因。再分清主次,进行责任分析。

一是直接原因:

人的不安全行为和机械、物质或环境的不安全状态。

二是间接原因:

- 技术和设计上的缺陷;
- 教育培训不够、未经培训、缺乏或不懂安全操作技术知识;
- 劳动组织不合理;
- 对现场工作缺乏检查或指导错误;
- 没有安全操作规程或不健全;
- 没有或不认真实施事故防范措施,对事故隐患整改不力;
- 其他。

2. 设备事故的防范措施

一般应从以下几个方面入手进行防范。

一是所有设备操作人员必须经过技术培训,经考核合格后方可上岗操作,公司及相关单位要有计划地对设备操作人员进行岗位技能培训教育,努力提高职工的技术素质和应变能力。

二是要严格执行岗位责任制,加强责任心;设备操作、使用、维修、保养、润滑、检修规程等各项规章制度是防范设备事故的措施和手段,必须认真贯彻落实。

三是认真做好计划检修,及时处理设备的缺陷、消除设备隐患;定额储备易损备件,保证设备正常运转,对主要设备的关键部件,必须做到有备无患。

四是对主要设备开展状态监测和故障诊断工作;定期检查设备的保护装置和防火、防爆、防雷等设施,做到齐全、灵敏、可靠。

课后训练题

1. 知识训练题
(1) 简述设备的含义。
(2) 化工设备大修的施工管理包括哪些内容?
(3) 化工设备大修施工前的准备工作有哪些?
(4) 化工设备施工现场如何管理?
(5) 化工设备大修施工的安全措施有哪些?
(6) 如何控制化工设备大修施工质量?
(7) 如何做好科学文明检修工作?
(8) 化工设备大修后的竣工验收条件有哪些?
(9) 化工设备大修后验收交工程序有哪些?
(10) 化工设备大修的修理记录有哪些?
(11) 化工设备大修后应从哪些方面进行总结?
(12) 化工企业设备事故按直接经济损失分为哪几类?
(13) 化工企业设备事故的性质是什么?

2. 能力训练题

(1) 调查一个化工企业，收集一份设备维检修管理的相关文件。

(2) 从网上搜集一个在化工设备维检修期间发生的，由于责任问题导致安全事故的案例，并说明加强化工设备维检修管理的必要性。

(3) 搜集本市化工企业典型设备事故案例1~2个，并分析事故类别、性质、原因，指出防范措施。

情境六

化工企业 QHSE 管理

QHSE 管理体系是指在质量（Quality）、健康（Health）、安全（Safety）和环境（Environmental）方面指挥和控制组织的管理体系，是在 ISO9001 标准、ISO14001 标准、GB/T 28001 标准的基础上，根据共性兼容、个性互补的原则整合而成的管理体系，是质量管理体系、环境管理体系和职业健康安全管理体系三合一管理体系，是在 ISO9000 质量管理体系标准的框架下兼容 HSE。QHSE 管理的核心是风险控制，包括危害辨识、风险评价、削减措施和应急管理四个环节。目前，中国石油已经建立了实用有效的、有中国石油特色的、一体化的综合性 QHSE 管理体系，为中国石油企业质量、健康、安全、环境提供了可靠的保障。

任务一　化工企业生产工艺参数控制

质量管理的重点或核心是风险控制，通过风险控制避免不合格品。化工生产过程中的质量风险控制是指从原料进入设备开始到形成最终成品的整个过程的控制，它是企业保证产品质量的重要环节，是产品符合质量要求的关键。其中工艺参数控制又是生产过程中质量风险控制的重点，操作工只有在生产过程中对实际生产操作参数进行控制调节，使实际操作参数达到工艺卡片要求的控制指标，才能真正保证生产过程中的产品质量。

一、任务介绍

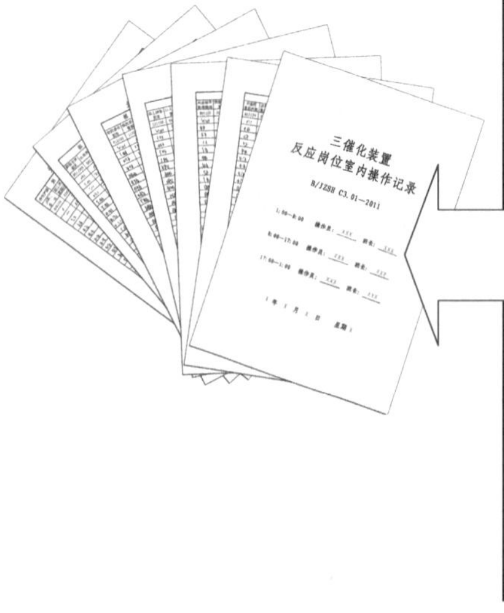

反应岗位室内操作记录

系统		沉降器									
项目		二段汽提蒸汽流量	三段汽提蒸汽流量	顶部防焦蒸汽流量	待生套筒流化风	旋分入口密度	稀相密度	汽提段密度	待生立管密度	待生套筒密度	单级旋风料腿密度
位号		FC1101	FC1107A	FC1180	FC1110	DI1104	DI1105	DI1107	DI1114	DI1116	DI1108
单位		t/h	t/h	t/h	Nm³/h	kg/m³	kg/m³	kg/m³	kg/m³	kg/m³	kg/m³
时间	2	1.4	6.6	0.83	4476	6.2	—	595	315	505	50
	4	1.4	6.6	0.81	4481	7.2	—	592	326	476	52
	6	1.4	6.6	0.83	4491	0.0	—	594	340	479	52
	8	1.5	6.6	0.83	4469	6.0	—	599	330	412	51
	10	1.4	6.6	0.83	4453	5.8	—	595	353	464	50
	12	1.4	6.6	0.83	4447	5.6	—	594	380	476	64
	14	1.4	6.6	0.83	4473	5.3	—	597	345	470	52
	16	1.4	6.6	0.83	4471	5.3	—	594	331	456	51
	18	1.4	6.6	0.82	4495	5.1	—	595	361	420	50
	20	1.4	6.6	0.84	4511	5.9	—	590	348	459	49
	22	1.4	6.0	0.85	4499	6.0	—	590	365	456	52
	0	1.5	6.6	0.82	4498	2.9	—	539	352	472	46

系统		沉降器							第一再生器		
项目		塞阀压降	沉降器压力	沉降器藏量	单级旋风料腿料位	旋分压降	粗旋压降	汽提蒸汽压力	一再烟气出口温度	一级旋分入口温度	稀相中部温度
位号		PdI1118	PI1112	WC1101	LI1104	PDI1113	PDI1114A	PI1810	TI1123	TI1124A	TI1126A
单位		kPa	MPa	t	m	kPa	kPa	MPa	℃	℃	℃
时间	2	63	0.191	44	2.8	5.8	5.7	0.91	605	677	676
	4	63	0.194	44	2.6	5.8	3.9	0.90	603	675	675
	6	63	0.192	44	3.1	5.8	5.8	0.92	665	679	677
	8	63	0.192	44	3.0	5.9	4.6	0.92	665	677	677
	10	63	0.193	44	2.9	5.9	4.8	0.92	663	676	674
	12	63	0.194	44	3.2	4.6	4.7	0.92	663	677	675
	14	63	0.195	44	2.9	5.8	4.5	0.92	667	679	679
	16	63	0.195	44	2.6	6.0	4.6	0.92	668	678	677
	18	63	0.193	44	2.6	5.7	4.2	0.92	675	687	686
	20	63	0.192	44	3.0	5.9	4.6	0.92	676	687	687
	22	63	0.194	44	3.1	5.0	4.5	0.92	674	685	684
	0	63	0.19?	44	3.2	5.8	3.8	0.92	674	686	684
备注：											

2

图 6-1　三催化装置反应岗位室内操作记录

图 6-1 是某石化公司三催化装置反应岗位室内操作记录,这是反应岗位操作工根据 DCS 操作系统的实时生产数据进行的记录(一般 2 小时记录一次,交班前由班长签字),以此来监控各种工艺参数。在工艺卡片指标范围内调整操作条件,只有这样才能在保证安全的前提下保证产品质量,保持物料平稳,连续作业,均衡生产。

> **主要任务**:两人一组,其中一人模拟三催化车间反应岗位操作工,根据上述案例和教材中工艺卡片的操作指标,模拟填写沉降器压力实际操作数据。另一人模拟班长负责监督和签字。
> **知识目标**:1. 了解催化相关装置和工艺卡片内容;
> 　　　　　　2. 掌握化工企业生产中的质量控制内容;
> 　　　　　　3. 熟悉质量记录。
> **能力目标**:能根据操作参数调节控制原理模拟填写装置生产实际操作记录。
> **素质目标**:完成任务的态度、完成任务的质量、知识应用能力、书面表达能力、语言表达能力、与人合作能力。

二、任务分析

要完成好上述任务,就要了解催化相关装置和工艺卡片的相关内容,掌握化工企业生产中的质量控制内容,熟悉质量记录,重点掌握操作参数调节控制原理。

三、相关知识

1. 催化装置和工艺卡片

以某石化公司三套催化装置为例。

(1) 催化装置工艺流程(见图 6-2) 图 6-2 中左数第一设备是第二再生器,第二设备是提升管反应器,第三设备上部分是反应沉降器,第三设备下部分是第一再生器。

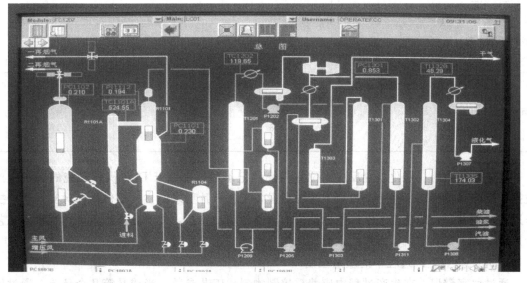

图 6-2 催化装置工艺流程总图

(2) 工艺卡片的内容 三催化装置工艺卡片主要内容是公司给的主要设备的操作条件及质量指标(见表 6-1、表 6-2)。

表 6-1　反应沉降器主要操作指标

项目	单位	参数范围
沉降器压力(绝对值)	MPa	0.24
反应温度	℃	520
原料流量	kg/h	175000
进料温度	℃	150~210
回炼比		0.1~0.3
催化剂循环量	t/h	1250~1520
剂油比(对总进料)		5.5~7.9
入口限速	m/s	8.2
出口限速	m/s	19.0
停留时间	s	3.1
提升管总压降	MPa	0.0537
汽提蒸汽量	kg/h	4300
沉降器线速	m/s	0.73
粗旋入口线速	m/s	21.1
沉降器旋分器	m/s	25.8

表 6-2　主要技术指标

项 目		汽油	轻柴油	油浆
相对密度(d_4^{20})		0.738	0.899	1.019
API		60.2	25.2	5.8
黏度	40℃	0.60	2.24	12.14
	80℃	0.43	1.29	—
	100℃	—	—	8.27
凝点/℃		—	−15	—
闪点(闭口)/℃		—	98	—
马达法辛烷值		80.5	—	—
十六烷值		—	23	—
残炭(质量分数)/%		—	—	—
硫含量/(mg/L)		315	1792	2748
馏程/℃	初馏点	43	195	193
	10%	65	225	381
	50%	117	269	426
	90%	178	324	472
	终馏点	198	334	—

任务介绍中的三催化装置反应岗位室内操作记录数据来源于DCS操作系统的实时生产数据。反应岗位操作工在生产过程中应根据设备工艺卡片要求的主要操作指标对实际生产操作进行控制调节,即在工艺卡片指标范围内调整各项目参数,使实际操作条件达到设备工艺卡片要求的主要操作指标要求,以此保证生产过程的产品质量。

2. 化工企业生产过程中的质量控制

通过危害辨识,在生产过程中应着重控制物料、工艺参数、半成品等几个环节。通过风险评价认为工艺参数风险比较大,应重点采取以下削减措施。

化工生产工艺参数的控制主要指温度控制、控制投料速率和配比、超量杂质和副反应的控制、溢料和泄漏的控制、压力的控制、流量的控制等,实现这些参数的自动调节和控制

（根据操作参数调节控制原理）是保证生产安全和产品质量的重要措施，方法如下。

（1）温度和压力控制　一般首先保证压力稳定，在压力稳定的前提下，如果进料组分不发生变化，那么一般要控制好温度。如果组分变化了，则应根据经验调整温度至新的值。不同的化学反应都有其适宜的反应温度，反应温度发生变化，即使是相同反应物参加的反应，生成物都会有很大变化，因此在化工生产过程中需要严格控制反应温度来保证产品质量和生产安全进行，反应温度过高或过低都会对产物质量和设备产生影响。如果温度过高可能会产生副产物，严重时反应物有可能着火，设备内压力升高，引起爆炸事故，造成严重后果和巨大的经济损失；如果温度过低可能会造成反应速率减慢甚至停滞，即使将反应温度调节正常时，则往往会因为未反应的物料同时发生剧烈反应引起爆炸。

（2）控制物料比和流量　设备的进料流量要小于设备的传热能力，否则设备内温度将会急剧升高，引起物料的分解突沸，发生事故。投入物料配比也要适宜，使反应既安全又经济。

（3）超量杂质和副反应的控制　化学生产过程中，经常由于反应物料中纯度问题和对反应条件控制没有那么准确，会导致副产物的生成，而超量杂质的存在和副反应的发生，对生产都是不利的。因此，在化工生产中，对物料、成品的质量及反应条件的控制都要非常严格。

工艺参数的控制是相互关联的，只有做好上述几个方面的工艺参数的控制，才能在安全的前提下保证生产的质量。

3. 质量记录

质量记录是阐明所取得的结果或提供所完成活动的证据文件，是质量管理体系有效运行的证明，也是采取纠正、预防措施的依据。本次任务中三催化装置反应岗位室内操作记录是对反应岗位实际生产操作参数的记录，通过记录对比工艺卡片要求的质量指标和设备的操作条件，以此不断调整实际操作，使其符合工艺卡片要求的控制指标，最终保证生产过程中的产品质量。

四、任务实施

任务实施可按照任务布置、准备、执行、评价、验收五个阶段进行，具体操作方法参照情景一中的任务实施部分，操作内容应结合本次任务进行。

【再次训练】完成上述任务之后，你能模拟填写提升管总压降实际操作数据吗？（见"七、拓展训练1"）

五、任务评价

任务完成情况的考核评分与情景一中的任务评价部分相同，以此为标准进行评价。

六、归纳总结

化工生产过程的质量控制中工艺参数控制是重点。要求在生产过程中对来源于DCS操作系统的实时生产数据进行记录（一般2小时记录一次，交班前由班长签字），然后在工艺卡片指标范围内调整各项目参数，只有这样才能在安全的前提下保证生产的质量。本次任务是模拟填写三催化装置反应岗位室内操作记录（沉降器压力实际操作数据），前提是要掌握操作参数调节控制原理。

七、拓展训练

1. 两人一组，其中一人模拟三催化车间反应岗位操作工，根据下面案例内容和工艺卡片的操作指标，模拟填写提升管总压降实际操作数据。另一人模拟班长负责监督和签字。

【案例】　某石化公司三催化装置反应岗位室内操作记录中提升管记录（见表6-3）

2. 请你以蒸馏车间班长身份，根据以下案例制定本班相应管理办法，征得员工同意后报车间备案。

表6-3 三催化装置反应岗位室内操作记录（圆圈部分是提升管总压降）

系统		提			升		管			
项目		出口温度	原料油喷嘴下温度	原料油喷嘴上温度	油浆喷嘴上温度	粗汽油喷嘴上温度	总进料量	新鲜进料量	MGD汽油回炼量	原料雾化蒸汽流量	预提升蒸汽流量
位号		TC1101	TI1109A	TI1110	TI1112A	TI1113	FI1113	FC1207	FC105	FC1105	FC1116
单位		℃	℃	℃	℃	℃	t/h	t/h	t/h	t/h	t/h
时间	2	502	627	629	316	513	228	225	—	11.9	4.9
	4	503	628	631	315	515	228	225	—	12.0	5.0
	6	502	627	626	315	513	227	224	—	11.9	5.0
	8	502	626	629	315	513	226	224	—	12.0	4.9
	10	502	628	626	315	513	228	225	—	12.0	5.0
	12	503	632	632	316	514	228	225	—	12.0	5.0
	14	504	635	635	316	515	228	226	—	12.0	5.0
	16	505	642	641	318	519	229	226	—	12.0	5.0
	18	506	638	640	312	518	226	222	—	12.0	5.0
	20	504	637	634	319	515	226	222	—	12.0	5.0
	22	505	639	639	318	516	226	222	—	11.9	4.9
	0	503	637	637	314	515	225	222	—	12.0	4.9

系统		提升管			沉		降		器	
项目		预提升蒸汽压力	提升管中部密度	提升管总压降	汽提段上部温度	外取气室温度	稀相上部温度	稀相下部温度	旋分入口温度	过热蒸汽温度	粗旋底部汽提蒸汽
位号		PI1108	DI1101B	PdI1114B	TI1116	TI1117	TI1120A	TI1121A	TI1118A	TI1805	FC1107B
单位		MPa	kg/m³	kPa	℃	℃	℃	℃	℃	℃	t/h
时间	2	1.01	6.6	28	499	506	486	482	481	452	1.7
	4	1.0	1.4	28	499	508	487	481	483	460	1.7
	6	1.0	1.4	27	499	506	486	481	482	449	1.7
	8	1.03	4.5	26	499	505	486	481	480	449	1.7
	10	1.03	1.8	27	499	506	486	480	481	449	1.7
	12	1.02	3.9	27	500	507	487	482	482	453	1.5
	14	1.03	4.3	26	502	508	487	482	482	452	1.4
	16	1.03	5.4	27	506	512	490	486	487	458	1.6
	18	1.03	7.9	25	504	510	489	486	484	452	1.7
	20	1.03	4.1	28	502	508	487	481	482	451	1.8
	22	1.03	6.5	25	502	508	487	483	485	454	1.7
	0	1.03	9.3	25	501	508	486	482	482	452	1.6
备注											

【案例】 蒸馏车间质量管理考核制度

1. 范围

规定了质量管理范围，明确了管理内容、程序、相关的责任和考核方式。

2. 引用标准

××/××××08.14.02-2004公司成品质量管理办法。

3. 管理内容及要求

(1) 车间工艺组负责管理装置馏出口质量，全装置质量监督、管理和考核工作。

(2) 各班长是本班质量的第一负责人；各岗位一操是本班质量馏出口质量调整的直接责任人；各岗位操作员应按操作规程要求，在工艺卡片范围内调整各项目参数，确保各参数平稳，为装置馏出口质量合格创造必要的条件。

(3) 严格按照公司下达的质量指标调整生产操作，车间有权在公司指标范围内根据生产要求调整控制范围。每班月累计不合格样数小于2，以保证全月装置馏出口质量合格率大于98%的要求。

(4) 按要求填写装置馏出口不合格记录。

4. 经济责任制

(1) 正常生产中，每月每班不合格样≤2时，月考核加奖20元，当不合格样＞2时，从第3个样开始，每增加一个样，按累计结果扣分（见表6-4）。

表6-4 蒸馏车间质量管理考核

不合格样数	3	4	5	6	7	8	…	n
第n个样扣分数	0.5	1	1.5	2	2.5	3	…	$0.5(n-2)$
累计扣分数	0.5	1.5	3	5	7.5	10.5	…	$\sum 0.5(n-2)$

(2) 出现不合格应积极调整，并协调中心化验室加样，不得有两个连续样不合格，如有

此类情况发生，除按上述（1）办法考核外，每发生一次，加扣 2 分。

(3) 当发生质量事件或事故时，根据事件或事故的严重程度进行处罚（按流程考核）。

当确有不可抗拒的原因造成不合格，由于及时调整、处理，没造成任何影响时，酌情考虑加奖 50～100 元。

无论何原因，由于调整不当，造成流程第一道采样口不合格，并殃及下道工序的，扣 30～40 分；受影响的流程每增加一个环节，扣分数增加一倍；造成××大罐污染的事故，扣月奖的 50%。

(4) 电精制也列入考核范围。

(5) 不合格品台账由各岗位一操负责记录，各班负责记录本班发生的不合格样。记录时标明不合格样、时间、责任班次、不合格原因。不按要求记录不合格品台账的，按不记录处理，每一次扣 2 分。

本制度从 2007 年 1 月起执行，自执行日起原质量管理考核制度（××/××××06-2006）同时废止。解释权归车间。

任务二 化工企业许可证管理

安全管理的重点或核心是风险控制，通过风险控制避免安全事故。化工企业许可证是风险控制的有效形式之一，目的是确保对非常规/特种作业的控制和安全运行，确保所有安全工作的执行符合 HSE 规范。

一、任务介绍

受限空间作业要严格实行"四证"管理。"四证"指：一般安全工作许可证、管线断开许可证、受限空间进入许可证、上锁/挂牌/测试许可证。目前，中国石油锦州石化公司正在实行"上锁挂签，能量锁定"制度，收到了较好的管理效果。

图 6-3 是某石化公司进入受限空间作业许可证，内容包括危害辨识、风险评价、削减措施、应急管理四个方面内容，还包括了一些具体管理要求，是公司在特种作业前进行风险控制的有效形式之一。

> **主要任务**：根据图 6-3 中案例内容和教材中的相关知识，分组练习填写"进入受限空间作业许可证"（注意角色的扮演）。
> **知识目标**：1. 了解许可证含义；
> 　　　　　　2. 熟悉许可证覆盖范围；
> 　　　　　　3. 熟悉特种作业许可证的办理范围及作业内容；
> 　　　　　　4. 掌握许可证审批程序。
> **能力目标**：会填写化工企业相关的许可证。
> **素质目标**：完成任务的态度、完成任务的质量、知识应用能力、书面表达能力、语言表达能力、与人合作能力。

二、任务分析

要完成好上述任务，就要了解许可证含义，熟悉许可证覆盖范围，熟悉特种作业许可证的办理范围及作业内容，并在此基础上重点掌握许可证审批程序。

进入受限空间作业许可证

归档编号：　　　　　　　　　　　　　　　　　　　　B/JZSH 07.004-2011

工作内容				
工作内容	作业单位		属地单位	
	作业区域		作业地点	
	进入工作描述(包括设备、工作内容)：			
	进入受限空间类别： □一般　□特殊			
	安全工作方案　□有　□无	附图纸　□有　□无	救援计划　□有　□无	

作业类型								
作业类型	□焊接	□压力吹扫	□撞击	□清渣	□装填	□切削	□用电	□挖掘
	□架设	□打磨	□喷砂	□喷涂	□检测	□清洗	□钻孔	□其它

生产工艺、设备、环境风险			施工作业风险		
风险识别	削减风险措施	确认	风险识别	削减风险措施	确认
管道容器可燃气体窜入	将受限空间与管道连接处用(　)块盲板隔断。	□	作业人员着装不规范	穿着防静电工作服和鞋。	□
塔容器内有可燃介质	用蒸汽、氮气或水彻底处理干净。	□	作业工具使用时易产生火花	使用不产生火花(如有色金属制作)的工具。	□
通风不良	打开所有通风孔和人孔，进行自然通风2小时以上	□	作业人员未按要求佩戴防护器具 作业人员对防护器具使用不熟练	按规定佩戴防护器具。	□
	采取机械强制通风。	□		作业前队作业人员进行器具使用的培训和演练。	□
受限空间内残存可燃气体和有毒有害气体	对受限空间内的气体进行采样分析，结果合格。	□	作业过程中有时有可燃气体逸出 作业时间过长	作业人员佩戴可燃气体报警器。乙炔带不能有接口。	□
	每(　)小时采样一次。	□		受限空间内不得超过(　)人，每人作业时间不得超过(　)分钟。	□
属地工艺确认：			人员作业时触电	符合临时用电安全管理规定，电源应安装漏电保护器，照明电压≤24伏，特别潮湿或金属受限空间内照明电压≤12伏。	
人员出入口处有障碍物	清理人员出入口处的障碍物，并悬挂标识。	□	工具、材料进入前后数量不清	对人员、材料、工具进行登记和清点。	□
人员应急救援设备不全	监护人备好应急救援设备并且能够熟练使用。	□			□
监护人不在现场	外部设专人监护，内外人员规定联络信号和方法。	□	补充措施：		□
受限空间作业点周围警示不明显	作业点周围警戒线拉好，出入口处设警示牌。	□			
现场急救器材不够	现场配备灭火器　　　台。	□			
	现场已配备急救器材。	□			
	现场配备气防抢险车和人员。	□			
补充措施：		□	注：风险削减措施栏由负责人(作业方现场负责人)在确认栏已实施项划“○”，未实施项划“×”。		
属地项目负责人确认：			作业单位现场负责人确认：		

气体检测结果							
气体检测结果	检测时间						
	检测位置						
	氧气浓度%						
	可燃气体浓度%						
	有毒气体浓度ppm (名称＿最高允许值＿)						
	属地工艺人员：						
	属地单位安全监督：						
	工作过程中气体检测要求(位置、频次，另附气体检测记录表)：						

1、此工作票一式两联，第一联属地持有，作业封闭后属地留存，第二联交现场施工。2、许可证中提出并已检测、落实项目在□内划“○”，不需要落实项“×”，不能空项；3、每张作业许可证的有效时效为8小时，如工作未完允许延期2次，总时间不能超24小时。

许可证的签批					
许可证的签批	我保证我及我的下属，已经了解本次进入受限空间作业的安全方案和此许可证的相关内容，并保证在作业开始前确认各项安全措施已落实，在作业过程中执行相关安全规定，在作业结束时及时通知属地单位负责人。		本人在工作开始前，已掌握本次进入受限空间作业的内容及安全方案，并对作业内容及安全措施进行了现场检查，确认各项安全措施已落实。		
	作业申请人： 年　月　日　时　分		属地单位监护人： 年　月　日　时　分 作业单位监护人： 年　月　日　时　分		
	会签	我保证作业风险削减措施经过评审并在作业现场得到落实，能够满足作业安全需要。 属地项目负责人：　年　月　日　时　分			
		工艺负责人： 年　月　日　时　分	设备负责人： 年　月　日　时　分	安全监督： 年　月　日　时　分	属地单位负责人批准： 年　月　日　时　分
	特殊受限空间作业会签	生产运行处 负责人： 年　月　日　时　分 主管处长 年　月　日　时　分	机动设备处 负责人： 年　月　日　时　分 主管处长 年　月　日　时　分	安全环保处 负责人： 年　月　日　时　分 主管处长 年　月　日　时　分	公司主管领导： 年　月　日　时　分
相关方	本人确认收到许可证，了解作业对本部门的影响，将安排人员对此项工作给与关注和配合，并和相关各方保持联系。	单位：　确认人：　年　月　日　时　分 单位：　确认人：　年　月　日　时　分			
有效期	从＿年＿月＿日＿时＿分至＿年＿月＿日＿时＿分				
延期	本许可证是否可以延期　□是　□否　　如果是，最多延期次数：　　次				
	延期从＿年＿月＿日＿时＿分至＿年＿月＿日＿时＿分 作业申请人：　属地监护人：　属地单位负责人：				
	延期从＿年＿月＿日＿时＿分至＿年＿月＿日＿时＿分 作业申请人：　属地监护人：　属地单位负责人：				
	延期从＿年＿月＿日＿时＿分至＿年＿月＿日＿时＿分 作业申请人：　属地监护人：　属地单位负责人：				
关闭	□许可证到期，同意关闭。 □工作完成，已经确认现场没有遗留任何隐患，并已恢复到正常状态，同意许可证关闭。 作业结束时间：　年　月　日　时　分	申请人： 年　月　日　时　分	属地监护人： 年　月　日　时　分	属地单位负责人： 年　月　日　时　分	
取消	因以下原因，此许可证取消：	申请人： 年　月　日　时　分	属地单位负责人： 年　月　日　时　分		

图 6-3　进入受限空间作业许可证

三、相关知识

【案例】 塑造安全文化打造精品炼厂（资料来源：http：//www.china-safety.org/AnQuanContent.aspx?id=2820）

为建设企业特有的安全文化，2007 年以来，锦州石化公司在认真总结企业几十年的安全管理实践基础上，借鉴国际先进的安全管理模式，确立了以“安全管理六要素”（即：安全是“我”的责任、“属地管理”原则、可靠的设备、完善的工艺、认真负责的工作态度、可执行的制度体系）为核心的安全管理思路。2008 年又对安全管理六要素的内涵进行了进一步丰富和诠释。针对公司发展实际，结合精细化管理的更高要求，2009 年适时提出了“无漏项管理，零缺陷控制”的管理目标。几年来的实践，锦州石化初步形成了愿景、目标、方法相适应的管理构架。

1. 术语

(1) 许可证　是风险控制的书面表达形式，是开展某项非常规作业或特种作业前，必须获得的书面授权和指示的证明。

(2) 申请人　申请人（通常是施工单位的主管）指的是需要从批准人获得许可，从而在某一特定的设备、管线或区域上开展工作的一方。

(3) 批准人　批准人是生产单位的负责人，批准人必须对进行作业的上下游系统、工作附近的区域、工作内容、承包商和将要进行工作的区域内正在进行的工作等有详细和完整的了解；批准人有责任向申请人沟通工作区域存在的危害和基本的安全要求。

(4) 关闭/结束　完成使用后，由申请人和批准人双方签字结束；表明该工作已经按照工作许可证的要求完成,且相关区域可以回归到正常的运行状态。

2. 目的

通过定义一个正式的工作许可证授权程序,从而确保对非常规/特种作业的控制和安全运行。

① 控制工作中涉及的危害条件和材料。

② 阻止未授权的工作。

③ 在开始工作之前,确保安全工作的条件。

- 执行工作人员的安全。
- 有关人员的安全。

④ 在开始工作之前和完成工作之后,确保对工作区域和设备合适的控制。

3. 许可证覆盖范围

① 非计划性维修工作;

② 承包商在厂区内工作;

③ 偏离安全标准/规则/程序要求的工作;

④ 交叉作业;

⑤ 在其他承包商区域进行的工作;

⑥ 没有安全程序可遵循的工作;

⑦ 屏蔽和中断报警、连锁和安全应急设备。

4. 特种作业许可证的办理范围及作业内容

施工单位在设备检修前必须按规定办理以下几种常用签证。

- 检修任务书。任何检修项目都要办理检修任务书。
- 进塔入罐证。如需进入塔、罐及管道内部施工,必须办理"进塔入罐证"。
- 动火许可证。施工时需要动火(如电焊、气割)、使用强烈照明灯或金属敲击,都必须办理"动火许可证"。
- 动土许可证。地下管道检修或开挖地坪,必须办理"动土许可证"。
- 封塔封罐证。塔、罐或管道内施工结束需封人孔或封盖时,需办理"封塔封罐证"。

例如:某炼油厂某车间在某次大修中,每项检修任务都是先开作业票,并按检修规程逐项进行落实检修;车间按谁负责谁开票原则,使每个票据准确规范,工艺人员负责用火作业票、盲板票,设备人员负责开、封孔票、施工作业票、有限空间作业票、车辆进装置票。本次检修共开出:

检修施工作业票　83 张　　用火作业票　36 张

有限空间作业票　18 张　　高空作业票　26 张

盲板票　92 张　　　　　　开封孔票　4 张

(1) 动火作业　指能直接或间接产生明火的工艺设置以外的非常规作业,如使用电焊、气焊(割)、喷灯、电钻、砂轮等进行可能产生火焰、火花和炽热表面的非常规作业。

(2) 进入受限空间作业(如图 6-4 所示)　指进入或探入化学品生产单位的受限空间进行的作业。受限空间包括:各类塔、釜、槽、罐、炉膛、锅筒、管道、容器以及地下室、窨井、坑(池)、下水道或其他封闭、半封闭场所。

(3) 动土作业　指挖土、打桩、地锚入土深度 0.5m 以上;地面堆放负重在 $50kg/m^2$ 以上;使用推土机、压路机等施工机械进行填土或平整场地的作业。

图 6-4 进入受限空间作业

(4) 临时用电作业　指在正式运行的电源上所接的一切临时用电。

(5) 管线打开作业　指为了作业施工，必须打开管线。

(6) 吊装作业　指在检维修过程中利用各种吊装机具将设备、工件、器具、材料等吊起，使其发生位置变化的作业过程。

图 6-5 抽堵盲板作业

(7) 高处作业　指凡距坠落高度基准面 2m 及其以上，有可能坠落的高处进行的作业。

(8) 抽堵盲板作业（如图 6-5 所示）　指在设备抢修或检修过程中，设备、管道内存有物料（气、液、固态）及一定温度、压力情况时的盲板抽堵，或设备、管道内物料经吹扫、置换、清洗后的盲板抽堵。

(9) 断路作业　指在厂区内交通主干道、交通次干道、交通支道与车间引道上进行工程施工、吊装吊运等各种影响正常交通的作业。

5. 许可证审批程序

(1) 申请人申请　申请人应准备好许可证申请表以及相关支持文件。其中包括以下内容：

许可证表格；所有作业内容详细说明；工作危害辨识/风险评价；图示说明工作区域或在管道布置图上的位置；细部说明的示意图等。

申请人应针对每份许可证进行一次工作危害辨识/风险评价。内容应包括交叉作业界面、协调、图纸、交底会议和工作类型/工作时间以及其他与作业相关的资料。工作危害辨识/风险评价是安全工作方案的基础。在安全工作方案中应针对危害提出风险消除、削减、控制措施。

(2) 气体检测　许可证审批之前须进行气体检测指导。必须注明气体检测的位置、时间、氧气浓度、可燃气体浓度、有毒气体浓度等。

一旦许可证得到批准，申请人负责按照批准人的指导和意见进行气体检测。注明位置、频次，另附气体检测记录表。

(3) 批准人审批　许可证应由批准人在完成书面审核和现场检查确认后签发。批准人必须确认申请人能够全程参与方案中所涵盖的工作，否则许可证不能得到批准。许可证批准后，申请人负责在许可证的指导下进行工作。

当许可证涉及多个负责人时，则被涉及的人员应列在申请表内，并且参加许可证的签批。签批前，各个负责人应掌握并确认（进行实地检查）所有的支持文件，包括：工作危害识别/风险评估、安全工作方案、图纸和隔离点位置；对安全完成作业有益的相关附加程序（如能量锁定隔离）；周围环境的潜在影响/相邻工作区域；工作前安全措施的落实情况等。

完成实地检查并通过了安全工作方案后，批准人就可以签署许可证。

一旦批准开工，申请人要向邻近工作区域的受影响方负责人说明工作情况，以确保邻近工作区域的人员了解该方所着手的工作，从而调整受影响方的计划。

一旦许可证未审批通过，被鉴别出的问题应记录在案。申请方应根据此程序重新修正并重新提交一份带有针对该问题解决方案的申请。

(4) 许可证有效期、延期、取消、关闭/结束

① 有效期 每张许可证的有效时限一般不超过 8 小时。工作区域拥有者（操作人员或业主施工监督人员）有权随时检查许可证的时效性，以及安全措施的符合性，许可证被撤销，代表工作停止。

② 延期 如果需要更多的时间来进行工作，可延长许可证时限，允许延期 2 次，总时间不能超过 24 小时。

③ 取消 申请人或批准人随时有权取消许可证。

申请方必须将许可证的原件置于工作场所的明显位置（如图 6-6 所示）。批准人委派的安全人员发现工作安全标准不能满足要求，有权利将工作许可证抽走，并通知施工人员被取消的缘由。取消许可证情况一旦出现，申请方必须停工，并保持现场安全。许可证被取消，禁止再使用。如需继续工作则须按此程序重新申请工作许可证。

④ 关闭/结束 申请人应当遵守安全工作方案，只有在按照许可证条件完成工作的前提下方可以关闭许可证，申请方应执行工作后的安全措施，经批准人代表与申请人共同检查验收后，通知工作已经完成，方可撤销工作前安全措施。

图 6-6 挂在现场的许可证

申请人应在完工后，在许可证第一联上签字关闭，并将其返还给批准人进行最终的签字和取消。

(5) 存档 工作完成后，正本由申请人签字关闭后交还现场负责人，现场负责人将正本和第一副本存档。

许可证一般保存一年，有受限空间作业的保存两年，以往有事故记录的设备和工作现场，其许可证保存五年。

施工单位现场只保留最近 10 天的许可证。

四、任务实施

任务实施可按照任务布置、准备、执行、评价、验收五个阶段进行，具体操作方法参照情景一中的任务实施部分，操作内容应结合本次任务进行。

【再次训练】完成上述任务之后，你能办理和填写"用火作业许可证"吗？（见"七、拓展训练 1"）

五、任务评价

任务完成情况的考核评分与情景一中的任务评价部分相同，以此为标准进行评价。

六、归纳总结

为了规范各种许可证的管理，使各类作业标准化、规范化，避免安全事故的发生，化工企业对各类非常规作业和特种作业，在作业施工前要求按规定办理许可证。在办理过程中，要求按相应作业级别的审批程序进行审批，并完整填写、核实作业许可证各项内容，确认符合作业具体管理要求，否则不得进行作业。

七、拓展训练

1. 分组练习填写“用火作业许可证”（见图 6-7）（要求：按照备注进行角色扮演）。

用 火 作 业 许 可 证

编号：　　　　　　　　　　P/JZSH 09.01-2011

作业单位		属地单位	
作业区域		作业地点	
用火等级	特殊(□甲类　□乙类)　□一级　□二级　□三级		
作业内容描述：			
是否附安全工作方案　□是　□否	其他附件(危害识别等)：		
是否附图纸　□是　□否	图纸说明：		
用火作业类型： □焊接　□气割　□打磨　□钻孔　□临时用电　□使用内燃发动机设备　□锤击　□破碎 □明火　□燃烧　□研磨　□切削　□使用非防爆的电气设备　□其它：			
可能产生的危害： □爆炸　□火灾　□灼伤　□烫伤　□泄漏　□中毒　□辐射　□触电　□机械伤害 □窒息　□坠落　□落物　□掩埋　□噪声　□其它：			
工艺风险削减措施	确认人	作业风险削减措施	确认人
□1.用火处与管线连接处用盲板隔断__处		□1.在用火点处设置隔离设施	
□2.管道容器内可燃介质用蒸汽、氮气或水处理干净		□2.用火点搭设临时作业平台	
□3.消除用火点周围的可燃介质和可燃物		□3.清除用火点上方坠落物或转移用火地点	
□4.作业时50米内不准有放空或脱水操作		□4.用火现场发生意外泄漏，立即停止用火，消除火源	
□5.用火现场配备消防蒸汽带__根		□5.人员作业穿戴合适防护用品	
□6.必须进行气体分析检测并合格		□6.施工机具符合要求	
□7.用火点半径15米内污水井、地漏封死盖严		□7.人员培训合格	
□8.用火现场配备8公斤干粉灭火器__台 配备轮载干粉灭火机__台		□8.特种作业人员持有效作业证	
□9.附近的固定消防设施齐全完好		□9.补充安全措施：	
□10.用火时需要消防车监护			
□11.补充安全措施：			
注：风险削减措施栏由工艺员(安全员)、作业单位现场负责人在需实施项序号前划“○”，在不需实施项序号划“×”。监护人在需实施项确认栏签名，工艺员(安全员)、作业单位现场负责人在不需实施项确认栏签名。			

气体分析检测名称：						
分析检测时间	日　时　分	日　时　分	日　时　分	日　时　分	日　时　分	日　时　分
氧气浓度						
可燃气体浓度						
有毒气体浓度						
使用便携式气体检测仪检测人签字						
工艺员(安全员)确认分析检测合格签字						

作业方	我保证阅读理解并遵照执行用火安全方案(已有)和此许可证，并在用火过程中负责落实各项风险削减措施，在用火工作结束时通知属地单位负责人。 作业单位现场负责人：　　作业人：　　特种作业证编号： 年　月　日　时　分　　年　月　日　时　分
监护人	本人已阅读许可并且确认所有条件都满足，并承诺坚守现场。 作业单位监护人：　　年　月　日　时　分 属地单位监护人：　　年　月　日　时　分
会签	我保证作业风险削减措施经过评审并在作业现场得到落实，能够满足作业安全需要。 工艺员(安全员)：　　当班班长： 年　月　日　时　分　　年　月　日　时　分 生产副主任(科长)　年　月　日　时　分 | 属地单位领导　年　月　日　时　分 | 安全监督(安全科)　年　月　日　时　分 | 特级会签：生产处处长：　机动处处长：　安环处处长：　年　月　日　时　分
相关方	本人确认已阅读许可证，了解该用火项目的安全管理要求及对本单位的影响，将安排相关人员对此用火项目给予关注，并和相关各方保持联系。 单位：　　确认人：　　年　月　日　时　分 单位：　　确认人：　　年　月　日　时　分
批准	我已经审核过本许可证的相关文件，并确认符合公司安全用火管理办法的要求，同时我与相关人员一同检查过现场并同意用火方案，因此，我同意动火。 作业批准人：　　年　月　日　时　分
有效期：	从　年　月　日　时　分到　年　月　日　时　分
本许可证是否可以延时	□ 是　□ 否　最多延时次数：____次
延时有效期：	从______年___月___日___时到______年___月___日___时 作业单位现场负责人：　属地单位监护人：　当班班长：　作业批准人：
延时有效期：	从______年___月___日___时到______年___月___日___时 作业单位现场负责人：　属地单位监护人：　当班班长：　作业批准人：
关闭	□许可证到期，同意关闭。 □工作完成，已经确认现场没有遗留任何隐患，并已恢复到正常状态，同意许可证关闭。 用火结束时间：　年　月　日　时　分 作业单位现场负责人　年　月　日　时　分 | 属地单位监护人　年　月　日　时　分 | 批准人(或授权人)　年　月　日　时　分
取消	因以下原因，此许可证取消： 作业单位现场负责人 批准人(或授权人) 年　月　日　时　分

注：1.属地单位工艺员(安全员)负责填写许可证中作业单位、属地单位、作业区域、作业地点、用火等级、作业内容描述、是否附安全工作方案、是否附图纸、用火作业类型、可能产生的危害等栏。选择项确认划“○”，否认划“×”。2.“气体检测”栏的填写：有气体检测分析单的由属地单位工艺员(安全员)判定检测结果是否符合要求，合格后将分析数据填写到作业许可证上，“检测人签字”栏用斜线划掉，分析单附在作业许可证存根联后，现场使用便携式检测仪检测的数据，由现场检测人员填写并在“检测人签字”栏处签字。属地单位工艺员(安全员)在“确认签字”栏处签字。3.用火结束时间由属地单位监护人填写。4.许可证取消原因由属地单位工艺员(安全员)填写。5.“有效期”和“延时次数”由属地单位工艺员(安全员)在作业开始前填写。6.授权人指属地单位领导或值班人员。7.许可证第一联(白)保留在批准人处，第二联(蓝)张贴在控制室或公开处以示沟通(一级、特级用火作业结束后车间存查)，第三联(粉)悬挂在作业现场。

图 6-7　用火作业许可证

2. 请你以蒸馏车间班长身份，根据以下案例制定本班相应管理办法，征得员工同意后报车间备案。

【案例】 蒸馏车间安全生产管理考核制度

为了加强车间安全管理工作，提高和强化管理人员及操作人员的安全意识，增强责任感，特修订此考核办法。

（1）对有章不循、违章作业、造成事故的人员，扣除全月奖金，并且责任班长扣20%～50%。

（2）对当班不穿工作服（包括工作裤）、进装置不戴安全帽、采样不戴手套的人员扣 2 分。

(3) 对工作态度不认真，当班不按时科检、漏检的人员一次扣 2 分，一个班中 2 次未执行科检扣 10 分，一个班中 4 次未执行科检扣 20 分。

(4) 对不参加班组安全活动的人员，每次扣 0.5 分，对每月三次及以上不参加的人员，车间将酌情加重处罚。

(5) 各班专责地沟卫生，每周车间检查时，发现一次不合格扣班组总分 2 分。

(6) 对总公司、公司、安全环保处、车间下发的有关安全文件，不学习、不传达、文件上不签字班长扣 2 分。

(7) 对消防、气防器材乱用、乱摆放、严重损坏器材的人员扣 2 分，当班防火后消防器材不收回原来所处的消防箱的人员扣 1 分。每周周四零点班负责打扫消防器材、气防器材及消防箱、气防箱的卫生，未打扫卫生的班组，每班每处扣 1 分。

(8) 加强对白钢阀扳手的管理，丢失一把扣当班班组 10 分。

(9) 对车间检查出的当班吸烟人员，扣月奖金 50%；对公司查出的当班吸烟人员，按照公司有关的制度执行。

(10) 对开展班组安全活动不进行记录的班组，车间发现，扣班组安全监督员 4 分，扣班长 2 分；对分公司查出的不按时记录的班组，扣班组安全监督员 8 分，扣班长 4 分，安全监督扣 2 分。

(11) 根据公司安环处要求，车间对新型防爆手电筒的管理使用做出如下规定。

① 原来为各班配备的新型高效防爆手电筒由各班班长负责保管，当班时拿出来使用。

② 新为各班配备的新型高效防爆手电筒及充电器进行交接班，由当班班长负总责，放在装置副操作间。

③ 一常装置 2 把手电筒分别由常压二操和司炉岗使用、保管和交接班，其他岗位使用时，由班长协调，手电筒及充电器的交接班必须在班长交接班日记中写明。

④ 二常装置 2 把手电筒分别由常压二操和减压二操保管和交接班，使用时，常压二操和常压炉共用 1 把，减压二操和减压炉共用 1 把，其他岗位使用时，由班长协调，手电筒及充电器的交接班必须在班长交接班日记中写明。

⑤ 班长或相关使用的人员负责在当班时对手电筒及充电器进行维护保养，发现问题要在日记中写明，并在交接班时通知车间或车间值班。由于手电筒的保修期为三年，因此禁止自行修理手电筒，应由专业维修人员修理；车间发现手电筒或充电器损坏，班长未在日记中写明，将对班长及相关使用人员进行处罚。

⑥ 造成手电筒及充电器丢失的班组，车间将按手电筒及充电器的购买价格进行处罚。

⑦ 安全环保处和车间将在夜间不定期地对手电筒的使用情况进行检查，发现当班班组当班时，未将手电筒拿出来或手电筒不亮（未充电），将按照经济责任制处罚，车间发现将双倍处罚。

(12) 个人不安全行为造成人身伤害的管理办法

① 凡由于本人安全意识差、违反安全规定和相关制度造成他人伤害的人员，扣除该班当月奖金总数 20%～50%，扣除责任人全月奖金，扣责任班长 50% 奖金；凡由于本人安全意识差、违反安全规定和相关制度造成自身伤害的人员，扣除该班当月奖金总数 20%～50%，扣责任班长 50% 奖金，同时扣除安排工作的管理人员 20% 的奖金，扣除相关负责人、安全监督和车间主任 10% 的奖金。车间允许受伤害人向公司报工伤。

② 凡报工伤的班组，受伤害人一切待遇按工伤管理条例处理。其养伤期间的代岗费由本班出。

③ 凡不报工伤的班组，车间将根据受伤害人的受伤情况，酌情给予一定的休养时间，在此期间，享受车间正常考勤和奖金，超出规定休养时间，也将享受正常考勤，但不享受奖金待遇，其他像防暑降温费等待遇不变。

④ 由于报工伤而影响年终车间安全保证金的数量，车间损失年终安全保证金总数的50%将由上报工伤班组承担。

⑤ 由于抢险等非个人原因造成的人身伤害，凡报工伤，受伤害人一切待遇按工伤管理条例处理。凡不报工伤，车间对受伤害人将另行酌情处理。

任务三　化工企业装置开停工和大检修环保管理

环境管理的重点或核心是风险控制，通过风险控制避免环境污染。化工企业在装置大检修期间，蒸塔洗塔、管线吹扫过程中排放大量高污染物浓度废水、废气。在放空吹扫时将产生噪声污染，清塔清罐作业还将产生大量底泥、焦渣、废催化剂等危险废物，所以必须加强环保管理，控制"三废"排放，合理处置产生的污染物。

通过危害辨识和风险评价可知：开工、停工和大检修是装置大检修期间三个重要阶段，其中大检修阶段环保管理是大检修期间环境风险控制的重中之重。所以班组长和车间主任要熟知公司的"大检修阶段环保管理办法"，并结合实际制定具体的管理办法，以确保大检修阶段环保工作的执行符合 HSE 规范。

一、任务介绍

图6-8中大检修阶段环保管理办法如下：
1. 加强检修阶段的巡回检查工作……；
2. 酸洗换热器及其他设备时产生的含酸废液的处理……；
3. 设备及管线中清理出的有机固体物的处理……；
4. 环保预处理设施要提前按质完成检修……；
5. 消声、减震、除尘等环保设备要……；
6. 全部装置和管线在检修完成后要……。

图 6-8　某石化公司装置检修和开停工期间环保管理办法

主要任务：请您参照上述案例内容和教材中的相关知识，编制班组的"大检修阶段环保管理办法"文件。
知识目标：1. 了解主要污染物；
　　　　　　2. 了解大检修作业前环境危害因素辨识；
　　　　　　3. 掌握大检修期间污染的削减措施；
　　　　　　4. 重点掌握大检修阶段环保管理规定。
能力目标：会编制班组与维检修有关的环保管理办法。
素质目标：完成任务的态度、完成任务的质量、知识应用能力、书面表达能力、语言表达能力、与人合作能力。

二、任务分析

要完成好上述任务,就要了解主要污染物,了解大检修作业前环境危害因素辨识,掌握大检修期间污染的削减措施,重点掌握大检修阶段环保管理规定。

三、相关知识

1. 主要污染物

环境污染形成的原因很多,如工业布局不合理、开发不合理、砍伐森林、毁坏草原、乱捕野生动物以及大量使用农药、化肥等,都会破坏生态平衡,造成污染。就化工企业而言,"三废"(废水、废气、废渣)是化工企业主要环境污染物。其他如噪声、电磁波、强光都是常见的工业污染物。

(1) 废气 包括烟尘,黑烟,臭味气体(H_2S、NH_3、酚、硫醇),刺激性气体(SO_2、HF、酸雾、碱雾),有毒气体(CO、Cl_2、H_2S、HCN、汞蒸气、铅蒸气、含镉或砷的粉尘),放射性气体(Rn、U、Th的粉尘)。

(2) 废水(污水) 包括有机物(指标有BOD等),无机物(指标有pH、COD等),有毒物(氰化物、砷酚类及汞、镉、铅等重金属离子等),悬浮物(浮上物质、浮上膜、胶体物质、沉淀物),含热能废水,有色、臭味的污染物。

(3) 废渣(固体废物) 包括矿冶废渣(浸出渣、煤矸石、粉煤灰、硫铁矿渣、电石渣等)、工业垃圾、生活垃圾。

2. 大检修作业前环境危害因素辨识

炼油化工装置大检修期间除各固定污染源排放"三废"污染物外,主要是存在很多无组织排放现象,主要污染物质及影响见表6-5。

表6-5 装置检修期间主要污染物质及影响

序号	名称	主要污染物质	活动	环境影响
1	蒸馏、焦化等装置	高浓度COD、污染物的废水排放	塔器、电脱盐系统、换热设备清洗,蒸塔过程中含油、含清洗液成分废水排放	对公司污水厂运行
2	加氢、重整、催化等装置	含硫废水排放	装置含硫废水密闭系统在停工期间管线吹扫、阀门更换及机泵维护排放	对公司污水厂运行
3	各生产装置	轻烃排放	容器、管线吹扫排放火柜	环境空气质量
4	加氢装置	含硫气体排放	催化剂硫化	环境空气质量
5	脱硫、MTBE等装置	含硫、含氨废水排放、含硫醇气体挥发	脱硫剂及催化剂更换、碱渣、胺液排放	对公司污水厂运行及环境空气质量影响
6	加氢、催化等装置	催化剂处置	催化剂更新	危险固体废物污染
7	工业水、油罐区	清罐油泥处置	工业水车间调节池、生活池清理"三泥"排放、油罐清罐底泥排放	危险固体废物污染
8	检维修	隔离防冻液排放	液位计电热偶等检维修	危险废物、储存后送相关部门处置
9	各生产装置	发出噪声	管线吹扫	噪声污染

3. 大检修期间污染的削减措施

(1) 废水

① 大修改造施工作业产生的废水组成较为复杂,污染物浓度较低的废水可以引入附近的下水井,进入厂含油废水系统进行处理;无法判断排放废水的性质时,由环保管理部门安排监测后,根据监测结果确定处置方式。

② 大修改造停工期间产生的含硫废水、酸碱废水、含醛废水严禁排入下水系统,应储存到专用的容器中待开工后处理。

③ 大修改造施工清洗、防腐、再生等过程中产生的有毒有害废水和废液以及检修放空和吹扫产生的油、瓦斯或天然气残液、废碱液、酸液等必须设置专门的储存器具储存;排放时须填报废渣排放申报表,由环保管理部门确定处置方式。

(2) 废气

① 检修装置的工艺废气尽可能排放至火炬管网,由公司低压瓦斯气柜回收利用,需采取高空排放、焚烧处置的废气应经生产运行处批准。

② 吹扫放空时应避免产生恶臭和大量挥发性烃类,应尽可能密闭或高空排放,含恶臭的容器吹扫前必须经过脱臭处理或置换。

③ 四级以上大风天气应避免进行拆除岩棉、装卸催化剂或白土等作业,防止粉尘污染。

④ 施工装挖土方、装卸焦炭(煤炭)、装卸粉煤灰等应通过密闭、喷水等措施避免周围环境的污染,运输时应采取措施避免沿途粉尘飞扬污染。

(3) 噪声 大修改造期间的吹扫放空、施工作业应避免噪声污染,凡超过 85dB(A) 的声源点必须采取消音降噪或吸音措施,夜间作业产生噪声不得大于 65dB(A),以防扰民。因检修需要必须排放高噪声的作业应向环保管理部门申请,拉警戒绳隔离,限制排放时间,周边作业人员采取相应防护措施。

(4) 固体废物 大修改造期间最难处置的是固体废物,固体废物产生量很大,且危险废物量占很大比重,如清罐和清池油泥、脱硫废氨废碱液、加氢重整装置催化剂、保护剂等,检修前环保管理部门通过环境影响因素识别已基本掌握固废的产生量及分类情况,要提前做好废渣处置准备工作。

① 为合理统筹安排,公司设置大检修临时垃圾存放点,对产生量少的一般固体废物分类存放,及时清理,做到"工完、料尽、场地清"。

② 对需厂家回收再生的催化剂提前联系有相关固废处置资质的厂家,按固废管理要求到环保行政管理部门办理手续。大修改造时产生的催化剂、分子筛、干燥剂、吸附剂、清罐清池油泥等物质经相关部门确认不可回收利用后,按公司废物确认制度办理相关手续。

③ 大检修期间厂区内大量外来施工作业人员进厂,产生生活垃圾量也增加,严禁将建筑垃圾、工业垃圾倒入生活垃圾池,物业公司也应增加清运频次。

④ 大修改造产生的建筑垃圾、工业垃圾等由检修作业队伍填报《检修垃圾清运单》,经机动设备处批准后,清运到公司工业垃圾场的建筑垃圾区和工业垃圾区,岩棉等废弃保温材料应填埋处置。

⑤ 大修改造期间产生的废旧设备、管线等金属物资以及废弃包装物等可回收物资,由工程管理部门组织回收,产生的污油可以收集到废油回收桶或倒入就近的集油池。

⑥ 检修期间清理容器、塔器产生的焦渣中含硫化亚铁等可自燃的固体废物,必须喷淋

降温后及时清运到工业垃圾场填埋处置。

4. 大检修阶段环保管理规定

(1) 各单位要加强大修阶段的环保巡检工作，特别对存有物料的储罐、设备要重点巡检，按时记录各储罐、设备的液位，防止发生跑、冒、串料等问题。

(2) 冷换设备、塔、容器等设备进行化学清洗产生的各种废液需报安全环保组审批，不得随意排放。

(3) 设备及管线中清理出的有机固体物（聚合物、油泥、底泥等）要进行无害化处理，各单位不能擅自处理和转移。

(4) 大修过程中，要加强施工噪声污染的防治，防止出现噪声污染问题。

(5) 环保装置及设施须按进度保质保量完成检修，为主体生产装置大修后的开工创造条件。

四、任务实施

任务实施可按照任务布置、准备、执行、评价、验收五个阶段进行，具体操作方法参照情景一中的任务实施部分，操作内容应结合本次任务进行。

【再次训练】完成上述任务之后，你能编制班组的"开工阶段环保管理办法"文件吗？（见"七、拓展训练1"）

五、任务评价

任务完成情况的考核评分与情景一中的任务评价部分相同，以此为标准进行评价。

六、归纳总结

化工企业装置大检修期间主要污染物有废气、废水和废渣，对上述污染物要采取相应的措施进行控制。"装置开停工和大检修环保管理办法"应包括停工阶段环保管理办法、大检修阶段环保管理办法和开工阶段环保管理办法，本任务仅就编制"大检修阶段环保管理办法"进行训练，这是装置大检修期间环境风险控制的重中之重。

七、拓展训练

1. 请你根据材料1编制班组的"开工阶段环保管理办法"文件。

材料1：某石化公司装置开工阶段环保管理规定

- 各单位制定的装置开工方案中必须有明确、具体的环保措施，并明确环保负责人。
- 各单位在装置开工前，须组织开工相关人员学习装置开工方案和开工环保规定与措施。
- 各单位在装置开工前，须向安全环保处上报排污审批表，明确污染物（废渣、废液、废气）排放的时间、数量、浓度和去向。
- 在开工过程中，各单位须严格执行《清污分流管理规定》等有关环保管理规定，严格控制排污量，严禁乱排乱放，防止发生跑、冒事故。
- 凡开工前需进行化学清洗的，清洗前须制定详细的清洗方案，清洗方案须报安全环保处审核。需排放化学清洗等高浓度废水的，须报安全环保处审批。
- 开工时瓦斯、液化气等各种有毒有害气体不得直接排入大气。
- 在装置开工过程中，进行吹扫放空、打靶等操作时，要采取噪声污染防治措施，同时最大限度安排在白天进行，防止噪声污染和引发污染纠纷。

2. 请你根据材料2和教材中的相关内容，编写班组的"装置开停工和大检修环保管理办法"文件。

材料 2：某石化公司装置停工阶段环保管理规定

• 各单位制定的装置停工方案中必须明确具体的环保措施，细化、确定吹扫流程、污染物排放时间、去向及相应的环保控制措施，并明确环保监管负责人。

• 各单位在装置停工检修前，须组织参与装置停工的相关人员学习装置停工方案和停工环保规定与措施。

• 各单位在装置停工前，须向检修指挥部安全环保组上报停工排污审批表，明确污染物（废渣、废液、废气）排放的时间、数量、浓度和去向。

• 在停工过程中，各单位须严格按照停工方案的步骤和要求精心组织，严格遵守各项环保规定，严禁乱排乱放，不得污染大气和排洪沟，防止发生跑、冒事故。

• 凡需进行停工化学清洗的，停工前须制定详细的清洗方案，清洗方案须经安全环保组审核。停工时需排放化学清洗废水的，由负责化学清洗的单位填报排污审批表，经所在生产单位环保主管领导会签后，报安全环保组审批。

• 装置停工时，应将塔内、容器内、管线中的残余污油退入污油罐，低点放空的残油应接好胶管排入地下罐，确实不能回收的残油或废液必须进入下水道或地下罐，不得走明沟排放。

• 装置停工时，设备内的碱液或碱渣及一次冲洗水须送碱渣装置处理，含硫污水须送含硫污水汽提装置处理，酸碱罐的二次冲洗水 pH 值须达标后排入含碱下水系统。

• 装置停工时，污染物浓度高的废溶剂或含有溶剂废水的处理方案须报安全环保组审批，未经批准，不得随便处理。

• 设备中的瓦斯、液化气等各种有毒有害气体不得直接排入大气。

• 在装置停工过程中，进行吹扫放空、打靶等操作时，要采取噪声防治措施，同时最大限度地安排在白天进行，防止噪声污染和引发污染纠纷。

课后训练题

1. 知识训练题

（1）简述化工企业生产中的质量控制内容。
（2）简述许可证覆盖范围。
（3）简述特种作业许可证的办理范围及作业内容。
（4）哪些密闭空间需要办理进入许可证？
（5）受限空间作业实行"四证"管理的内容是什么？
（6）许可证审批程序有哪些？
（7）化工企业主要环境污染物有哪些？
（8）炼油化工装置大检修期间主要污染物质有哪些？
（9）化工装置大检修期间如何控制污染？
（10）化工装置大检修阶段有哪些环保管理规定？

2. 能力训练题

（1）举例说明质量记录。
（2）请你举例对进入受限空间作业进行风险分析，并制定相应安全措施。

（3）图 6-9 是上海石化化工部聚乙烯醇装置大检修现场，工人们正在用桶回收甲醇残液。请你谈谈对此事的看法。

图 6-9　上海石化化工部聚乙烯醇装置大检修现场

情境七

化工企业生产成本管理

任务一　化工企业车间和班组生产成本归集

正确的成本归集是保证成本计算质量的关键。成本归集是对生产过程中所发生的各种费用，按一定的对象，如各种产品、作业、各个车间班组所进行的分类、汇总。

一、任务介绍

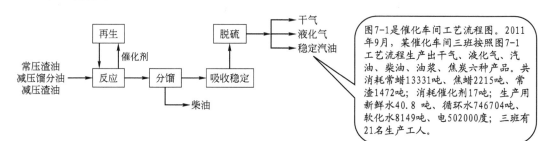

图 7-1　催化车间工艺流程图

图7-1是催化车间工艺流程图。2011年9月，某催化车间三班按照图7-1工艺流程生产出干气、液化气、汽油、柴油、油浆、焦炭六种产品。共消耗常蜡13331吨、焦蜡2215吨、常渣1472吨；消耗催化剂17吨；生产用新鲜水40.8吨、循环水746704吨、软化水8149吨、电502000度；三班有21名生产工人。

主要任务：请你对三班生产的产品生产成本进行分类和归集（分离前）（见表7-1）。

知识目标：1. 了解生产成本法；

2. 理解生产成本的内容；

3. 掌握企业成本的构成；

4. 掌握化工企业车间和班组生产成本的构成。

能力目标：能对化工企业班组一般生产成本费用进行分类和归集。

素质目标：完成任务的态度、完成任务的质量、知识应用能力、书面表达能力、语言表达能力、与人合作能力。

表 7-1　2011 年 9 月某催化车间三班生产成本归集（分离前）

类　别	成本项目	包含的内容
生产成本		

二、任务分析

不同企业有不同的生产过程，对成本管理要求也不一样。根据化工企业生产的特点和成本管理的要求及联产品成本分类和归集的特点,对班组的成本进行分类和归集,必须在了解化工企业车间成本构成的基础上,掌握班组生产成本的构成项目和具体内容。

三、相关知识

1. 生产成本法

生产成本是目前世界各国普遍采用的一种成本计算方法,用生产成本法计算成本时,只将生产经营过程中发生的直接材料费用、直接人工费用和制造费用计入产品成本,而管理费用、财务费用和销售费用不计入产品成本,而是作为当期费用直接计入当期损益。

2. 企业成本的构成

(1) 成本和费用　　成本是指企业为生产产品、提供劳务而发生的各种耗费。

费用是指企业为销售商品、提供劳务等日常活动所发生的经济利益的流出。

费用和成本是两个并行使用的概念,两者之间既有联系又有区别。成本是按一定对象所归集的费用,是对象化了的费用。费用是资产的耗费,它与一定的会计期间相联系,而与生产哪一种产品无关;成本与一定种类和数量的产品或商品相联系,而不论发生在哪一个会计期间。企业成本构成如图 7-2 所示。

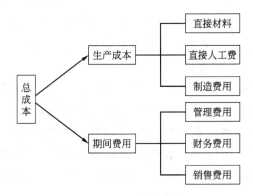

图 7-2　企业成本构成

(2) 生产成本　　指为生产一定种类和数量的产品所耗费的费用。它是企业生产制造过程中所发生的成本,所以也称为制造成本或产品成本。生产成本的构成详见表 7-2。

表 7-2　生产成本构成

类别	项目	包含内容
生产成本	直接材料	含原材料、辅助材料、燃料、动力、外购半成品、包装物等
	直接人工费	指直接从事产品生产人员的工资、福利、津贴、补贴、社保等
	制造费用	指各生产车间为组织和管理生产所发生的各项费用,含生产管理人员的工资、福利费、社保,生产车间及生产管理部门的固定资产折旧费、修理费、办公费、差旅费、内部运输费、保险费、试验检验费、劳动保护费、季节性修理期间的停工损失以及其他制造费用

(3) 期间费用　　也称为期间成本,是指不能直接归属于某个特定产品成本的费用。它包括直接从企业的当期产品销售收入中扣除的销售费用、管理费用和财务费用。期间费用的构成详见表 7-3。

3. 化工企业车间和班组生产成本的构成

(1) 联产品的含义　　联产品是指企业利用相同的原材料,通过同一生产过程生产出来的

表 7-3 期间费用构成

类别	项目	包含内容
期间费用	管理费用	指企业管理人员工资、福利费、差旅费、办公费、教育培训费、社保费、工会经费、职工教育经费、业务招待费、董事会费、咨询费、诉讼费、审计费、排污费、绿化费、税金、场地使用费（海域使用费）、土地损失补偿费、技术转让费、技术开发费、无形资产摊销、开办费摊销、坏账损失、存货盘亏、毁损和报废（减盘盈）以及其他管理费用等
	财务费用	指企业为筹集生产经营所需资金而发生的费用，含利息支出、汇兑损失、现金折扣、金融机构手续费等
	销售费用	指企业在销售产品、自制半成品和提供劳务等过程中发生的各项费用以及专设销售机构的各项经费。包括运输费、包装费、保险费、装卸费、广告费、销售机构费用、售后服务费等

几种经济价值较大的主要产品。例如，炼油厂以原油为原料，经过同一加工工艺过程生产出来的汽油、煤油和柴油等就属于联产品。

化工企业生产的特点是连续式加工，不间断，原材料要经过若干连续加工步骤，才能制成产成品。其他步骤生产的都是程度不同的半成品，这些半成品，除少数可以出售外，都是下一步加工的对象，这些成品称为联产品。

（2）联产品成本分类和归集的特点 各种联产品分离的时刻被称为"分离点"。分离后的联产品分为完工产品和半成品，完工产品可直接出售，半成品需进一步加工为完工产品才可出售。因此，将分离点前在联合生产过程中发生的生产成本称为联合成本，也是全部联产品的综合成本。所以原料和费用支出等联合成本在联产过程中不能直接按照产品分别进行归集，要以各种联产品为一个成本计算对象进行分类和归集（如图 7-3 所示）。

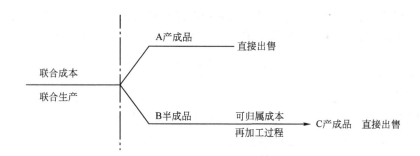

图 7-3 联产品成本计算示意图

（3）从化工企业生产实际看车间、班组生产成本的构成

【案例】 2011 年 9 月份，某化工企业催化车间（装置）成本计算表（分离前）（见表 7-4）。车间有 105 名生产工人（实行 5 班 3 倒，一班 20 人、二班 20 人、三班 21 人、四班 22 人、五班 22 人）、27 名生产管理人员。

① 催化车间生产成本的构成 由表 7-4 可以看出 2011 年 9 月份催化车间全部联产品生产成本的构成（分离前）（见表 7-5）。

表 7-4 催化车间成本计算表（分离前）

2011 年 9 月

填报单位：　　　　　　　　　　　　　　　　　　　　　　　　　　　　　　　　　　　单位：元

成本项目	计算单位	单耗 本月	单耗 本年	本月实际 数量	本月实际 单价	本月实际 金额	本年累计 数量	本年累计 单价	本年累计 金额
一、原料及主要材料						196025011			1808776025.07
常蜡	千克/吨			66657	2330	155310810.00	581879	2330.00	1355778070.00
焦蜡	千克/吨			11075	2330	25804750.00	99831	2330.00	232606230.00
常渣				7358	2002	14730716.00	106825	2002.00	213863650.00
外蜡				71	2517	178735.01	2605	2505.98	6528075.07
油品				0	2330	0	0	2330.00	0.00
罐存				757			-1230		
二、辅助材料						3460359.35			23189489.40
催化剂	吨	0.99	0.92	85.00		2106221.31	728.20	18000.00	13961960.21
钝化剂 助燃剂	千克/吨	0.271	0.197	23.25	18000.00	1354138.04	156.00		9227529.19
主材差异		0.00	0.00			0.00	0.00		0.00
包装物						0.00			0.00
三、纳	吨			0	2000	0.00	0.00	2000.00	0.00
四、动力						318421.63			8266097.76
新鲜水	吨	0.00	0.01	204	2.50	718.08	6940.00	2.50	23477.21
循环水	吨	43.45	46.62	3733.520	0.24	1045385.60	36822.086.00	0.24	10285198.69
软化水	吨/吨	0.47	0.46	40747	8.50	31782660	359833.00	8.50	2806697.40
电	度/吨	29.21	29.74	2510000	0.55	1380500.00	23490000.00	0.55	12919500.00
蒸汽	吨/吨	-0.18	-0.16	-15427	170.00	-2622590.00	-128769.00	170.00	-21890730.00
风	米³/吨	15.04	31.26	1292365	0.10	180931.10	24692924.00	0.10	3538383.77
氮气	米³	0.24	0.91	20.867	0.70	15650.25	720694.00	0.70	577570.69
五、直接员工费用	元					821864.28			7484625.82
六、	元					0.00			
七、制造费用	元					2115404.43			21581891.48
其中:折旧及摊销	元					6125.07			3181221.14
修理费	元					0.00			
人员费用	元					239615.07			2330312.41
八、加工费小计	元					6716049.69			60516104.46
九、期初半成品	元					23463362.00			19288812.00
十、单位变动加工费	元/吨					25.24			25.82
十一、单位加工费	元					78.17			76.61
十二、车间制造总成本	元					226204422.70			1888574941.53

表 7-5 2011 年 9 月催化车间生产成本构成（分离前）

类别	成本项目	包含的内容
生产成本	直接材料	原料及主要材料：常蜡、焦蜡、常渣、外蜡、罐存
		辅助材料：催化剂、钝化剂、助燃剂
		燃料和动力：新鲜水、循环水、软化水、电、蒸汽、风、氮气
	直接人工	105 名生产人员的工资、福利、津贴、补贴、社保等
	制造费用	27 名生产管理人员的工资、福利费、折旧及摊销、修理费等

② 催化车间班组生产成本的构成　由于化工企业生产的特点是连续式加工，不间断地生产，所以班组实行倒班生产，一般实行五班三倒或五班四倒。因此对于化工企业班组的生产成本构成来说，只要将全月车间生产成本（不包括制造费用）按班分配即可或按每月每班实际发生的生产成本归集。

四、任务实施

任务实施可按照任务布置、准备、执行、评价、验收五个阶段进行，具体操作方法参照情景一中的任务实施部分，操作内容应结合本次任务进行。

【再次训练】完成上述任务之后，你能完成增项训练任务吗？（见"七、拓展训练1"）

五、任务评价

任务完成情况的考核评分与情景一中的任务评价部分相同，以此为标准进行评价。

六、归纳总结

生产成本法只将生产经营过程中发生的直接材料费用、直接人工费用和制造费用计入产品成本。正确划分成本和费用对车间、班组生产成本归集及企业成本核算具有重要意义。

化工企业车间、班组在联合生产过程中生产的产成品为联产品，将"分离点"前发生的生产成本称为联合成本。联合成本在联产过程中不能直接按照产品分别进行归集，要以各种联产品为一个成本计算对象进行分类和归集。要注意区分化工企业车间和班组的联合成本项目构成的区别，班组的联合成本包括直接材料和直接人工，但不包括制造费用。

七、拓展训练

1. 增项训练：增加外蜡 14 吨、钝化剂 7 吨、助燃剂 5 吨、包装物 2000 元、燃料油 10 吨、燃料气 110 吨，请你与前面练习的项目一起对三班生产的联产品（分离前）生产成本重新进行分类和归集。

2. 请你根据下面案例，对某化工企业催化车间生产的联产品生产成本进行分类和归集（分离前）。

【案例】　某化工企业催化车间 2011 年 10 月用同一生产工艺生产出干气、液化气、汽油、柴油、油浆、焦炭六种联产品。分离前消耗常蜡 66000 吨、焦蜡 11000 吨、常渣 7300 吨、外蜡 71 吨；消耗催化剂 85.00 吨、钝化剂和助燃剂 23.25 吨；生产用新鲜水 200 吨、循环水 3700500 吨、软化水 40000 吨、电 2500000 度、蒸汽—15000 吨、风 1292000 m^3；本期折旧及摊销 6281.68 元；车间有 105 名生产工人，27 名生产管理人员。

任务二　化工企业车间和班组生产成本核算与分析

化工企业成本核算是成本管理工作的重要组成部分，它是将企业在生产经营过程中发生的各种耗费按照一定的对象进行分配和归集后计算总成本和各种联产品的个别成本。班组成本核算工作从源头上提高了效益，降低了消耗，从生产经营全过程对成本进行了有效控制，对最大限度地挖掘企业的降本增效潜力起到了很大作用。成本分析主要是利用成本核算及其他有关资料，全面分析成本水平与构成的变动情况，系统地研究成本变动的因素和原因，挖掘降低成本的潜力，为编制成本计划和制定经营决策提供重要依据。

一、任务介绍

表 7-6　催化车间 3 班 2011 年 10 月成本计算（分离前）

填报单位：催化车间3班　　　2011年10月　　　　　　　　　　　　　单位：元

成本项目	计算单位	数量	单价	金额	数量（本月计划消耗）	单价（本月计划消耗）	金额（本月计划消耗）
一、原料及主要材料		17018		39169124			39553200
常蜡		13331	2330	31061230	14000	2330	32200000
焦蜡		2215	2330	5160950	2200	2330	5126000
常渣		1472	2002	2946944	1113	2002	2227200
二、辅助材料				126000			128000
催化剂	吨	7	1800000	126000	7.11	1800000	128000
三、燃料				47500			45000
燃料油		10	900	9000	9	900	8100
燃料气		110	350	38500	105	350	36900
四、动力				52467746			520000
新鲜水	吨	40.8	2.5	102	40	2.5	100
循环水	吨	746704	0.24	17920896	745000	0.24	178800
软化水	吨	8149	8.5	69266.50	8000	8.5	68000
电	度	502000	0.55	276100	496545	0.55	273100
五、直接员工费用	元			164373			164373
六、班组总成本	元			40031674.46			40410573

> 表7-6是催化车间3班2011年10月份各种费用资料。共消耗常蜡13331吨，单价2330元/吨；焦蜡2215吨，单价2330元/吨、常渣1472吨，单价2002元/吨；消耗燃料油10吨，单价900元/吨、燃料气110吨，单价350元/吨；21名生产工人的工资164373元。
> 3班10月份消耗计划：原材料39553200元、燃料45000元、工人工资164373元。

主要任务：请你根据上面案例材料计算各生产成本项目的实际值，并运用比较分析法进行成本分析（完成表7-7内容）。

知识目标：1. 掌握化工企业车间和班组生产成本核算的内容、特点和程序；
　　　　　　2. 熟悉车间和班组成本分析的主要内容；
　　　　　　3. 掌握车间和班组生产成本分析的主要方法——比较分析法。

能力目标：能对化工企业班组生产成本进行核算和比较分析。

素质目标：完成任务的态度、完成任务的质量、知识应用能力、书面表达能力、语言表达能力、与人合作能力。

表 7-7　催化车间三班 2011 年 10 月联产品生产成本实际指标与计划指标比较　　单位：元

项　目	实际值	计划值	差异额	差异率
原材料				
燃料				
直接工资				

二、任务分析

化工企业班组生产成本核算是分析的前提，要完成好上述任务就要掌握化工企业车间和班组生产成本核算的内容、特点和程序，特别是联产品成本核算的特点，掌握生产成本分析的主要方法——比较分析法，以生产成本的实际指标与生产成本计划指标进行对比分析，能够解释实际脱离计划的差异程度，为进一步分析提供方向。

三、相关知识

1. 化工企业车间和班组生产成本核算的内容、特点和程序

（1）车间和班组成本核算的内容　由任务一讲到的化工企业车间和班组生产成本的构成可知，化工企业车间和班组成本核算的对象就是分离后的联产品。但是车间和班组的核算内容不同。

车间核算的内容：车间生产联产品的全部物资消耗、直接人工消耗和间接制造费用。

班组成本核算的内容：班组生产联产品的全部物资消耗和直接人工消耗。

总之，要本着"干什么，算什么"的原则来确定成本核算的内容，达到简明反映车间、班组生产消耗、有针对性进行成本控制的目的。做法就是先确定核算的对象，然后确定核算的内容。

（2）联产品成本核算的特点　各种联产品分离前要将各种联产品为一个成本计算对象，汇集生产费用，核算各种联产品的总成本。在分离后，要按照一定比例（系数分配法等）进行分摊，计算各种联产品的个别成本。由此可见，联产品成本的计算，在联产过程中不能像单一产品那样，单独归集，单独计算。对联产品成本的分析，也只能按其全部产品的联合成本进行综合的分析。

将分离后对联产品继续加工而发生的成本称为可归属成本。可归属成本直接计入接受加工的联产品成本中（如图7-3所示）。最后，按分离后加工制造某产品的加工成本，加上联产品分离前成本按一定比例分配给该产品的成本，构成这种产品整个生产过程的生产成本。

表7-8　催化车间成本计算（分离后）

填报单位：　　　　　　　　　　　　　　2011年9月　　　　　　　　　　　　　　　　单位：元

产品名称	产量		技术系数	积数		单位成本			总成本		
	本期	累计		本期	累计	上年实际平均	本期实际	累计实际	上年实际平均	本期实际	累计实际
干气	3305	25789	0.20	661	5158		605.44	598.44		2000993.87	15433177.62
液化气	15090	134374	0.60	9054	80624		1816.33	1794.67		27408469.79	241157632.94
汽油	35932	335779	1.00	35932	335779		3027.22	2990.84		108774148.05	1004262507.49
柴油	23527	215542	0.90	21174	193988		2724.50	2691.76		64099311.00	580186434.83
油浆	2232	28608	0.30	670	8582		908.17	896.28		2027027.98	25640716.65
焦炭	5499	46890									
损失	333	2928									
合计				67491	624131					204309950.70	1866680469.53
期末半成品										21894472.00	21894472.00
										226204422.70	1888574941.53

提示

系数分配法就是把各种联产品的实际产量乘以事先制定的各该联产品的系数，把实际产量换算成标准产量（如表7-8所示）。然后，按各联产品的标准产量比例来分配联合成本。其分配公式为：

分配给某种联产品的成本＝联产品分离前成本总额×（该种联产品的标准产量/联产品

各种产品标准产量的总和）

如果上述公式中联产品分离前成本总额先除以联产品各种标准产量的总和，则可求得平均单位成本，再乘各种产品标准产量，即称为平均单位成本法。

(3) 车间和班组成本核算与分析的程序

① 确定消耗项目，制定合理的消耗定额。

② 计算各项目的计划消耗量等。

③ 对各项目的实际消耗进行记录、分类、统计和归集。

④ 计算各项目的实际消耗量。

⑤ 进行成本分析。

2. 车间和班组成本分析的主要内容

(1) 原料及主要材料费用的分析 是指根据预算的原料及主要材料与实际原料及主要材料或与地区原料及主要材料预算价格来进行比较分析。影响原料及主要材料节超的主要原因是：量差（即材料的实际耗用量同预定额用量的差异）和价差（即材料的实际单价与预算单价的差异）。通过分析，可以找出是原料及主要材料发放管理上、个人操作上、原料及主要材料代用上等方面的原因，还是原料及主要材料原价、运输、采购及保管费等方面变动的原因，从而进一步挖掘节约原料及主要材料的潜力，降低原料及主要材料费用。

(2) 直接人工成本分析 影响人工费节约或超支的主要因素有两个，即工日差（实际耗用工日与预算工数的差异）和日工资单价差（实际日平均工资与预算定额的日平均工资的差异）。据此可进一步分析工日利用情况、劳动组织等情况，工人平均等级变动、各种基本工资变动，以及工资调整等情况，通过这样的途径来寻找节约人工费的途径。

单位产品所耗工时变动的影响＝（实际工时－标准工时）×计划每小时工资成本

每小时工资成本变动的影响＝实际工时×（实际每小时工资成本－计划每小时工资成本）

(3) 动力费用分析 化工生产计算成本时，经常把水、电、气分摊等各个工序中去。

(4) 设备使用费分析 化工生产计算成本时，通常把设备的使用折旧费（大型设备使用期限 5~10 年）、维修保养的费用分摊到各个工序中去。

(5) 生产管理费用分析 通常可把生产管理费的实际发生费用与预算收入数，或与计划支出数进行比较分析。为了详细了解管理费节超的原因，还应按各个费用项目进行比较分析。

3. 车间和班组生产成本分析的主要方法——比较分析法

比较分析法也称指标对比分析法，是指通过指标对比，从数量上确定差异而揭示企业财务状况和评价企业经营业绩的一种分析方法。它也是会计报表分析中最常用、最简便的一种分析方法，其他分析方法也是建立在比较分析法的基础上的。通过比较找出差异所在和差异程度，然后再应用因素分析法，对重点的有差异的项目做进一步的分析。

根据分析的目的和要求不同，比较法有以下几种形式。

(1) 第一种 实际指标同计划（预算）指标比较，用来揭示实际与计划（预算）之间的差异，了解该项指标的计划完成情况（见表 7-9）。

表 7-9　甲企业 201×年 A 产品生产成本实际指标与计划指标比较　　单位：百万元

项　目	实际值	计划值	差异额	差异率
直接材料费用	25	28	－3	－10.7%
直接人工费用	90	76	14	18.4%
制造费用	150	130	20	15.4%

其中，差异额＝实际值－计划值

差异率＝(实际值－计划值)/计划值。

分析：由表 7-9 可知，甲企业 201×年 A 产品直接材料费用实际消耗量比计划指标有所降低，而直接人工费用实际消耗量和制造费用实际消耗量比计划指标均有所增加，且差异额较大；说明企业下一步生产成本控制方面重点应放在直接人工费用和制造费用方面。

（2）第二种 本企业指标同国内外同行业先进指标比较，用于找出与先进企业之间的差距（见表 7-10）。

表 7-10 甲企业 201×年 A 产品销售利润率与同行业先进的销售利润率指标比较

甲企业	同行先进水平	差异	差异率
5.2%	11%	－5.8%	－52.7%

其中，差异率＝(本企业水平－先进水平)/先进水平。

分析：由表 7-10 中可看出，甲企业 A 产品的销售利润率与同行先进水平相比较差距将近一半，需要认真分析原因，查明销售利润率下降的主要原因是产品成本提高所致，还是销售价格下降所致，以便采取措施，提高 A 产品的盈利能力。

（3）第三种 企业本期实际指标与前期（上期、上年同期或历史最好水平）实际指标进行比较，计算其变动数额、变动幅度，分析其变动原因、变动趋势及对未来的影响（见表7-11）。

计算公式：

$$变动差额＝本期数额－上期数额$$

$$变动幅度＝变动差额/上期数额$$

表 7-11 甲企业 A 产品连续两年的两项财务指标比较

项　　目	上年	201×年	比　　较	
			差额	幅度
利润总额	87(百万元)	110(百万元)	23(百万元)	26%
销售利润率	5.4%	5.2%	－0.2%	－3.7%

由表 7-11 看出，甲企业 A 产品 201×年比上年利润总额上升，经营成果增加，但销售利润率呈下降趋势，反映出该企业销售收入的增长大于利润的增长，应进一步查明成本费用增长过快的原因，以便采取相应的措施。

四、任务实施

任务实施可按照任务布置、准备、执行、评价、验收五个阶段进行，具体操作方法参照情景一中的任务实施部分，操作内容应结合本次任务进行。

【再次训练】完成上述任务之后，你能完成增项训练任务吗？（见"七、拓展训练 1"）

五、任务评价

任务完成情况的考核评分与情景一中的任务评价部分相同，以此为标准进行评价。

六、归纳总结

车间和班组成本核算要先确定核算的对象，然后确定核算的内容，核算对象都是联产品。班组的核算内容是生产联产品的全部物资消耗和直接人工消耗，对于车间来说还包括间接制造费用。各种联产品分离前要将各种联产品为一个成本核算对象，汇集生产费用，核算各种联产品的总成本。对联产品成本的分析,也是按其联产品的联合成本进行综合的分析。比较分析法是从数量上确定差异,从而揭示成本管理状况和评价生产业绩的一种分析方法。要求学生正确计算差异额和差异率并分析差异原因。其中,分析差异原因是难点,正确计算差异额和差异率是关键。

七、拓展训练

1. 增项训练:增加催化剂 7 吨,单价 18000 元/吨;生产用新鲜水 40.8 吨,单价 2.50 元/吨;循环水 746704 吨,单价 0.24 元/吨;软化水 8149 吨,单价 8.50 元/吨;电 502000 度,单价 0.55 元/度;3 班 10 月份消耗计划增加辅助材料 128000 元、动力 520000 元。

请你计算新增加的各成本项目的实际值,并与前面练习的项目一起运用比较分析法进行成本分析。

2. 请你根据下面案例,完成如下任务:
(1) 把表 7-12 中实际产量换算成标准产量;
(2) 计算并完成表 7-13 中的项目内容;
(3) 根据材料用系数分配法计算分离后各种联产品的个别生产成本。

【案例】 2011 年 9 月,某催化车间三班按照图 7-1 工艺流程生产出干气、液化气、汽油、柴油、油浆五种联产品(见表 7-12)。

表 7-12 五种联产品产量

联产品名称	产量/吨	系数	标准产量/吨
干气	661	0.2	
液化气	3018	0.6	
汽油	7186.4	1.00	
柴油	4705.4	0.90	
油浆	446.4	0.30	

9 月份各种费用资料:共消耗常蜡 13331 吨,单价 2330 元/吨;焦蜡 2215 吨,单价 2330 元/吨;常渣 1472 吨,单价 2002 元/吨;外蜡 14.2 吨,单价 2517 元/吨;消耗催化剂 17 吨,单价 18000 元/吨;生产用新鲜水 40.8 吨,单价 2.50 元/吨;循环水 746704 吨,单价 0.24 元/吨;软化水 8149 吨,单价 8.50 元/吨;电 502000 度,单价 0.55 元/度;21 名生产工人的工资 164373 元,福利 20000 元。

表 7-13 联产品(分离前)各种费用　　　　　　　　　　　单位:元

项目	原料及主要材料	辅助材料	燃料和动力	直接人工	合计
分离前综合成本					

课后训练题

1. 知识训练题
(1) 简述生产成本法。
(2) 简述企业成本的构成。

（3）简述生产成本及其构成。
（4）简述期间费用及其构成。
（5）你对联产品是如何理解的？
（6）联产品成本是如何分类和归集的？特点是什么？
（7）化工企业车间和班组的生产成本是如何构成的？
（8）化工企业车间和班组生产成本核算的内容、特点是什么？程序有哪些？
（9）化工企业车间和班组成本分析的主要内容是什么？
（10）简述比较分析法及其主要形式。

2．能力训练题

（1）举例说明化工企业车间生产成本的构成。

（2）请你调查某化工企业的一个车间，列出该车间连续 2 个月的原材料成本构成表，并进行比较分析。

参 考 文 献

［1］ 中国就业培训技术指导中心组织编写. 企业人力资源管理师. 北京：中国劳动社会保障出版社，2009.
［2］ 李勇主编. 化工企业管理. 北京：化学工业出版社，2009.
［3］ 顾振华主编. 成本会计案例与实训. 北京：机械工业出版社，2004.
［4］ 人力资源和社会保障部教材办公室编写. 化工企业班组管理. 北京：中国劳动社会保障出版社，2011.
［5］ 王春来，夏剑锋编著. 化工企业生产管理. 北京：中国纺织出版社，2008.
［6］ 王树林编著. 班组管理实战. 北京：化学工业出版社，2009.
［7］ 中国职工教育和职业培训协会编写. 企业班组长培训教程. 北京：海洋出版社，2005.
［8］ 胡凡启主编. 现代企业车间和班组管理. 北京：中国水利水电出版社，2010.
［9］ 梁清山主编. 管理学基础教程. 北京：化学工业出版社，2008.
［10］ 柴邦衡，刘晓论著. ISO9001:2008质量管理体系文件. 北京：机械工业出版社，2009.
［11］ 曾繁京，侯杰主编. 化工企业班组管理. 北京：中国劳动社会保障出版社，2011.